콜라보 파워

콜라보 파워

초판 1쇄 인쇄 · 2016년 2월 15일
초판 1쇄 발행 · 2016년 2월 22일

지은이 · 이호건, 장춘수
펴낸이 · 이춘원
펴낸곳 · 책이있는마을
기 획 · 출판기획전문 (주)엔터스코리아
편 집 · 이경미
디자인 · 디자인오투
마케팅 · 강영길
관 리 · 정영석

주   소 · 경기도 고양시 일산동구 장항2동 753 청원레이크빌 311호
전   화 · (031) 911-8017
팩   스 · (031) 911-8018
이메일 · bookvillagekr@hanmail.net
등록일 · 1997년 12월 26일
등록번호 · 제10-1532호

잘못된 책은 구입하신 서점에서 교환해 드립니다.
책값은 뒤표지에 있습니다.

ISBN 978-89-5639-244-8 (03320)

이 도서의 국립중앙도서관 출판예정도서목록(CIP)은 서지정보유통지
원시스템 홈페이지(http://seoji.nl.go.kr)와 국가자료공동목록시스템
(http://www.nl.go.kr/kolisnet)에서 이용하실 수 있습니다.(CIP제어
번호: CIP2016003125)

collaboration

콜라보 파워

이호건 · 장춘수 지음

책이있는마을

위대한 아이디어는
레스토랑 회전문에서 나온다

1980년 미국의 미래학자인 앨빈 토플러는 정보통신기술이 발달한 현대의 정보화 사회를 가리켜 '제3의 물결'이라고 주장했다. 우리 사회는 농업혁명, 산업혁명을 거쳐서 제3의 물결인 정보화 혁명의 대변혁기에 접어들었다는 선언이다. 하지만 지금은 토플러의 주장도 옛말이 되어버렸다. 이제 우리에게는 또 다른 물결이 밀려오고 있기 때문이다. 제3의 물결을 넘어 우리에게 다가온 제4의 물결은 바로 '스마트 혁명'이다.

대부분의 사람이 느끼고 있듯이, 스마트폰은 이미 우리의 일상 깊숙이 들어와 있다. 대부분의 사람들이 잠시라도 스마트폰을 떠나 있으면 불안해할 정도다. 한마디로 우리는 이미 스마트 혁명의 시대를 살아가고 있는 셈이다. 그렇다면 제4의 물결인 스마트 혁명의 시대를 규정짓는 키워드는 무엇일까? 스마트 혁명을 선도했던 애플의 창업주 스티브 잡스는 아이팟, 아이폰, 아이패드를 연속으로 히트시키면서 자신의 비결을 "기술과 인문학의 교차점에 있고자 했기 때문"이라고 밝혔다. 핵심은 '교차점'이라는 말에 있다. 즉 새로운 기술이 아니라 기술과 인문학의 경계에서 새로운 가치를 창출했다는 말이다. 기술이 아니라 융합의 힘이 더 중요하다는 뜻이다. 《컨버저노믹스》의 저자 데이비드 올슨 교수도 21세기 생존 키워드로 '융합 경제'의 중요성을 강조했다. 기존의 것을 창의적으로 활용하고 전혀 다른 분야와 융합을 통해 새로운 가치를 창조해야만 변화하는 환경에 살아남을 수 있다는 논리다. 요컨대 새로운 시대의 키워드는 '융합'이다.

융합을 잘하기 위해서는 어떻게 해야 할까? 세계 오지 여행가인 한비야의 표현을 빌려 말하면 "지도 밖으로 행군"해야 한다. 자신의 고유영역에만 머무르지 않고 경계를 넘나들어야 한다는 뜻이다. 자신과 다른 이질적인 사람들과 활발히 교류하면서 새로운 가치를 만들어낼 기회를 가져야 한다. 노벨문학상을 받았던 프랑스 소설가 알베르 카뮈도 비슷한 말을 했다. "위대한 아이디어는 레스토랑 회전문에서 나온다." 새로운 아이디어는 다른 분야와의 경계에서 주로 발생한다는 의미다. 한마디로 경계를 넘나드는 융합이 새로운 창조를 가능케 한다는 말이다.

그렇다면, 경계를 넘어서기만 하면 새로운 창조가 만들어질까? 그렇지 않다. 단지 다른 분야를 기웃거리기만 해서는 창조가 일어날 리만무하다. 무엇보다 당사자에게 새로운 창조를 만들어낼 '예술적 능력'이 필요하다. 갑자기 무슨 예술 타령이냐고 의아해할지 모르겠다. 무슨 말이냐면, 경계를 넘어서 새로운 창조를 만들어내려면 각 주체에게 이질적인 사람들과 서로 협력하면서 새로움을 창조할 수 있는 능력이 필요하다. 새로움을 창조하기에 '예술'이라고 표현했다. 이처럼 경계를 넘나들며 새로운 창조를 하려면 이질적인 사람들과 서로 협력하면서 새로운 가치를 만들어내는 능력, 즉 협업協業 능력이 필요하다. 요즘 많이 사용하는 표현으로 말하면 콜라보레이션collaboration 능력이다. 다른 분야의 사람과도 협력하면서 새로운 가치를 만들어내는 협업 능력, 즉 콜라보레이션 능력이야말로 창조의 필요조건인 셈이다. 각 주체에게 콜라보레이션 능력이 없다면 새로운 가치를 만들어내기보다는 자칫 갈등과 논쟁만 초래할 수도 있다.

　사람들은 흔히 요즘을 '창조경제의 시대'라고 말한다. 경제에서도 창조가 중요해졌으며, 개인에게도 창조적 역량이 요구된다는 뜻이다. 창조가 중요해진 만큼 창조를 만들어내는 능력인 콜라보레이션 역량의 중요성도 더불어 높아졌다. 이 책은 콜라보레이션을 통해서 새로운 가치를 창출하려는 사람에게 창조적 콜라보레이션의 핵심 개념과 방법, 더 나아가 콜라보레이션을 추진하는 리더가 어떻게 조직을 효과적으로 이끌 것인지 그 지침을 제공하고자 기획하였다.

　책은 모두 5장으로 구성되어 있는데, 1장에서는 창조적 콜라보레이션의 기본 개념을 다루고 있다. 2장에서 4장까지는 창조적 콜라보레이션을 추진하는 절차를 3단계로 구분하여 상세하게 설명하였으며, 마지막 5장에서는 창조적 콜라보레이션을 이끄는 리더에게 필요한 리더십과 추진의 방법론을 다루고 있다. 각 장에는 〈인문고전 속 콜라보 사례〉를 각 장의 주제에 맞게 두 편씩 실었다. 고전, 영화, 음악, 회화 등 여러 인문고전으로부터 콜라보레이션의 필요성과 가치를 통찰해볼 수 있는 기회를 갖고자 함이다. 이를 통해 인문학의 가치와 인문학적 소양의 중요성도 강조하고 싶었다.

　스마트 혁명, 창조경제 시대 등 우리 시대를 나타내는 표현은 얼핏 멋있어 보이기도 하지만 그곳에서 하루하루를 살아가는 개인이나 기업은 갈수록 힘든 경우가 많다. 우리는 과거 어느 시기보다 고도화되고 스마트한 문명 속에서 살지만 대체로 우리의 삶은 결코 '스마트'하지 않다. 오히려 현실의 삶은 힘겹고 피곤한 경우가 많다. 극심한 경쟁과 성과 압력은 스트레스를 넘어 생존마저 위협하기도 한다. 힘겹게 달리고 있는데 더 빨리 달리라고 채찍질하는 격이다. 그렇다고 달리기를 멈출 수도 없다. 어떻게든 방법을 찾아야 한다. 어디서 방법을 찾을 수 있을까? 나라면 '창조적 콜라보레이션'에서 해법을 찾아볼 것을 권하고 싶다. 창조경제 시대를 헤쳐나갈 가장 좋은 솔루션은 다름 아닌 창조다. 창조를 가능케 하는 콜라보레이션이다. 서로 다른 시각과 능력을 가진 사람과 콜라보를 통해 새로운 가치를 창조하는 일, 즉 창조적 콜라보레이션이야말로 스마트 혁명의 시대, 창조경제 시대를 슬기롭게 헤쳐나갈 좋은 지침이 될 것이다. 눈앞에 놓인 삶이 힘겹고 불안한 사람이라면 창조적 콜라보레이션에 관심을 가져도 좋겠다.

2015년 여름의 끝자락에서
저자 일동

|차 례|
CONTENTS

CONT

ENTS

ENTS

COLLABORATION
SMART REVOLUTION
CREATIVE

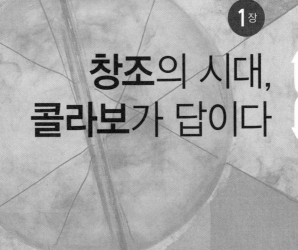

1장

창조의 시대,
콜라보가 답이다

몇 가지 퀴즈를 내겠다. 스트레스 받지는 말고 가볍게 풀어보자.

[1] 서울에는 바퀴벌레가 몇 마리나 살고 있을까?

[2] 한라산과 백두산을 옮긴다면 시간과 비용이 얼마나 들까?

[3] 시각장애인에게 노란색을 어떻게 설명할 수 있을까?

정답을 말할 수 있겠는가? 아마도 대부분 정답 근처에도 가지 못했을 것이다. '왜 이런 말도 안 되는 문제를 내는가?' 하고 짜증을 내는 사람이 있을지도 모르겠다. 하지만 이런 문제를 실제로 내는 곳이 있다. 바로 대기업에서 실시하는 신입사원 채용을 위한 면접 현장이 그곳이다. 많은 기업들이 지원자들에게 이런 밑도 끝도 없는 질문을 해댄다. 왜? '창의(창조)적 인재'를 뽑기 위함이란다. 무릇 창의성을 갖춘 인재는 이런 황당한 질문에도 능청스럽게 대답할 수 있어야 한다.

위와 같은 질문에는 어떻게 답변하는 것이 좋을까? 솔직히 나도 잘 모르겠다. 아마 면접관도 정답을 모르고 있지 싶다. 헤아려보건대, 생각지도 못한 질문에 어떻게 대처하는가를 보고 지원자의 창의성이나 상황대응력을 파악하기 위함일 것이다. 아무튼 오늘날 대기업에 입사하려는 기본 스펙을 쌓는 것도 필요하겠지만, 황당한 질문에도 당황하지 않고 나름의 방식으로 문제를 분석하고 대처하는 능력이 무엇보다 중요해졌다. 다시 말해 창조적으로 생각하고 문제를 해결하는 역량을 갖출 필요가 있다.

오늘날 많은 기업들이 창조적 역량을 중시함에 따라 신입사원 채용에서도 창의적 인재를 뽑으려는 경향이야 어쩔 수 없는 일이겠지만, 취업을 준비하는 측에서 보자면 이는 무척이나 곤혹스러운 일이다. 전공 공부에 어학 능력, 각종 스펙을 쌓는 것만으로도 정신이 없는데 거기다 창의력까지 길러야 하니 말이다. 몸이 열 개라도 모자랄 정도다. 하지만 간과할 수 없는 사실은 수많은 비즈니스 현장에서 창의성이나 창조적 능력은 무엇보다 중요한 역량이 되었다는 점이다. 갈수록 치열해지는 경쟁 속에서 살아남기 위해서는 남들이 생각하지 못한 것을 생각하고, 남들이 보지 못한 것을 꿰뚫어보고, 남들이 하지 못하는 것을 시도하는 기업이 더 많은 결과를 가져갈 수 있기 때문이다.

이처럼 오늘날 대다수 기업들이 창조적 역량을 중시하고 개인에게도 창의성을 요구하는 현실을 일컬어 '창조의 시대'라 부른다. 주변을 둘러보면 우리도 어느덧 창조의 시대 깊숙이 들어와 있음을 실감하게 된다. 정부에서도 창조가 중요하고 창조성을 갖추어야 선진국이 될 수 있다고 주장하고, 기업도 미래의 먹을거리를 찾거나 생존을 위해서는 창조적 역량이 무엇보다 중요하다고 강조한다. 대학도 창의성을 갖춘 인재를 양성하느라 혈안이 되어 있다. 모든 경제주체가 한목소리로 창조를 외치고 그것의 중요성을 강조하고 있다.

그렇다면 생각해보자. 우리는 왜 창조를 외치게 되었을까? 그 이유는 우리가 서 있는 자리가 바뀌었기 때문이다. 대부분 느끼고 있듯이, 해방 이후 우리나라는 눈부신 경제 발전을 이루어왔다. 우리의 발전을 '한강의 기적'이라 부를 정도다. 기적과도 같은 불가사의한 발전이란 뜻이다. 무엇이 그러한 기적을 만든 것일까? 그것은 우리보다 앞선 선진국의 뒤를 열심히 쫓아갔기 때문에 가능했다. 선진국을 열심히 모방했기 때문에 지금은 남부럽지 않을 정도로 성장했다. 한마디로 '미러클 코리아miracle Korea'다.

선진국을 뒤쫓아 열심히 달려온 덕에 우리에게는 더 이상 앞선 주자가 보이지 않는 분야도 많이 생겼다. 반도체, 조선, 휴대전화, TV, 세탁기 등 세계 1위도 많아졌다. 이제는 오히려 우리를 모방하고 쫓아오는 무리도 생겼다. 남들을 뒤쫓던 자가 선두에 서게 되면 가장 먼저 바꾸어야 할 것이 있다. 그것은 바로 패러다임의 변화다. 이제 뒤쫓아 갈 대상, 다시 말해 모방할 대상이 없어졌기 때문이다. 더 이상 모방할 대상이 없기에 모방의 패러다임을 계속 가져갈 수 없다. 따라서 이제부터 새로운 패러다임을 가져야 하는 것이다.

선두에 선 자가 가져야 할 패러다임은 무엇일까? 그것은 창조의 패러다임이다. 더 이상 벤치마킹할 대상이 없기에 선두에 서서 스스로의 길을 개척해나갈 수밖에 없다. 이제부터는 모방의 패러다임에서 창조의 패러다임으로 바꾸어 아무도 가지 않았던 길을 개척해나가야 한다. 그렇지 않는다면 어렵게 얻어낸 선두 자리를 금방 다른 누군가에게 내어주고 말 것이다. 남들을 뒤쫓던 위치에서 선두 자리로 옮겨간 사건, 이것이 바로 우리에게 창조가 필요한 이유인 셈이다. 바야흐로 우리도 이제 모방이 아닌 창조의 시대를 맞이하고 있는 셈이다.

창조의 시대를 잘 이끌어나가기 위해서는 무엇이 필요할까? 그것은 다른 사람과 시너지를 통해 새로운 가치를 만들어내는 '협업'이다. 창조를 만들어내기 위해서는 여러 가지 방법이 있겠지만, 오늘날 가장 화두가 되는 말은 단연코 콜라보레이션이다(여기서는 줄여서 콜라보라 부르기로 하자). 다른 분야의 사람들과 협력을 통해 새로운 가치를 만들어내는 능력, 다시 말해 콜라보야말로 창조의 시대를 슬

기롭게 헤쳐갈 수 있는 좋은 솔루션이 될 수 있다. 콜라보는 효과적으로 창조를 만들어내기 위한 실천적 방법론이기 때문이다. 오늘날 왜 콜라보가 중요시되고 있으며, 어떻게 하면 콜라보를 잘할 수 있을지 차근차근 살펴보기로 하자.

시대의 키워드 하나 – 콜라보레이션

❖ **왜 콜라보를 말하는가**

이번에는 답변하기 쉬운 퀴즈를 내겠다. 잠깐 짬을 내어 풀어보자.

[1] 전구를 발명한 사람은 누구입니까?

[2] 전화기를 발명한 사람은 누구입니까?

[3] 텔레비전을 발명한 사람은 누구입니까?

[4] 우주선을 발명한 사람은 누구입니까?

[5] 스마트폰을 발명한 사람은 누구입니까?

[1]과 [2]에 대해서는 대부분 쉽게 답할 수 있었을 것이다. 전구를 발명한 사람은 에디슨이며, 전화기를 발명한 사람은 벨이다. 하지만 [3]부터는 답변하기가 쉽지 않았을 것이다. 왜? 텔레비전은 특정

한 개인이 발명한 것이 아니기 때문이다. 즉, 텔레비전은 한 명의 천재 과학자의 머리만으로는 만들 수 없는 복합발명품이기 때문이다. 더 나아가 우주선이나 스마트폰의 경우도 여러 가지 고도의 기술과 아이디어를 집적하여 만든 콜라보레이션collaboration의 산물이다. 오늘날 대부분의 발명은 더 이상 개인이 아닌 집단의 산물이 되어버렸다. 인류에게 기여할 수 있는 획기적인 발명품도 대개의 경우 각 분야의 전문가들이 모여서 함께 머리를 맞대고 만들어낸 결과물, 한마디로 콜라보의 산물인 경우가 많다.

오늘날 위대한 발명은 탁월한 한 사람의 업적이 아니라 집단이 모여서 머리를 맞댄 결과라는 사실은 노벨상 수상자의 면면을 살펴보면 잘 드러난다. 최근의 노벨물리학상 수상자에게는 공통적인 경향이 있다. 그것은 바로 모두 '공동 수상자'라는 점이다. 2000년 이후로 노벨물리학상 수상자 중 단독 수상한 경우는 단 한 번도 없다. 모두가 2~3명씩 공동으로 수상했다. 이러한 경향은 비슷한 과학 분야의 상인 노벨화학상의 경우도 비슷하다. 과학 분야에서 최근의 위대한 발견은 모두 여러 과학자가 머리를 맞댄 결과다.

이제 과학 분야에서는 더 이상 에디슨이나 아인슈타인과 같은 천재 과학자의 머리에만 의존할 수가 없게 되었다. 학문이 깊어질수록, 연구 영역이 방대할수록 한 사람의 천재가 아닌 각 분야의 전문가들이 함께 연구해야 한다. 여럿이 힘을 합쳐야 위대한 발견이 가능하기 때문이다. 이런 의미로 보자면, 이제 개인 천재의 시대는 저물고 대신 집합 천재의 시대가 열린 것이다. 집합 천재의 시대에는 여러 사람이 모여서 머리를 맞대고 협력하는 콜라보가 중요해질 수밖에 없다.

　UC 버클리 캠퍼스 정보대학원 경영학 교수인 모튼 T. 한센Morten T. Hansen은 그의 저서 《협업COLLABORATION》에서 성공적인 콜라보의 대표적인 예로 애플의 아이팟을 들고 있다.

애플의 아이팟_ 아이팟의 진정한 가치는 획기적인 기술이 아니라, 기존에 이미 존재하던 다양한 기술과 제품들을 치밀하게 결합했다는 데 있다.

　잡스의 청바지 주머니에서 꺼낸 조그만 휴대용 뮤직플레이어, 음악산업의 절대강자였던 소니를 제치고 새로운 왕좌에 등극한 애플의 아이팟은 분명 많은 사람들을 깜짝 놀라게 만든 획기적인 발명품이었다. 하지만 아이팟을 찬찬히 들여다보면 기존에 없던 새롭고 놀라운 혁신 기술을 적용하여 발명한 것이 아니라는 점에서 더욱 놀랍다. 아이팟의 진정한 가치는 획기적인 기술이 아니라, 기존에 이미 존재하던 다양한 기술과 제품들을 치밀하게 결합했다는 데 있다. 즉, 새로운 기술이 놀라운 게 아니라 '콜라보의 기술'이 놀라운 것이다.

그렇다면 무엇이 결합된 것일까? 1000곡 이상의 음악파일을 담을 수 있는 하드디스크는 도시바가 만든 1.8인치 소형 드라이브였고, 초소형 배터리는 소니가, 하드웨어 설계도는 실리콘밸리에 있는 포털플레이어라는 작은 회사가 제공했다. 디지털-아날로그 변환 칩 DAC은 울프슨 마이크로일렉트로닉스가, 파이어 와이어 칩은 텍사스 인스트루먼트 제품이고, 소프트웨어의 일부는 픽소가 개발했다. 애플은 단지 이러한 각각의 기술을 결합한 아키텍처를 개발하고, 애플의 자랑인 산업디자인 부서가 심플하면서도 세련된 디자인을 담당했을 뿐이다. 이 점에 대해서는 애플의 하드웨어 부문 수석 부사장인 존 루빈스타인도 숨기지 않았다.

"아이팟은 이미 시장에 나와 있는 기술들을 적절히 이용한 제품입니다."

즉, 애플의 아이팟은 획기적인 기술의 승리가 아니라 탁월한 '콜라보의 승리'라고 할 수 있다.

❖ **일하는 방식이 변하고 있다 – 분업에서 협업으로**

21세기에 접어들면서 우리 사회는 산업사회를 거쳐 지식정보화 사회로, 또다시 디지털 정보화 사회로 빠르게 변화하고 있다. 이러한 시대적 흐름은 기업에게 새로운 환경에 걸맞은 업무방식의 변화를 요구한다. 디지털 정보화 사회로 접어들면서 과거보다는 지식의 교류와 공유의 필요성이 증가하였고, 그 결과 협업하는 능력(콜라보 능력)이 더욱 중요해졌다. 그렇다면 우리 사회가 산업사회, 지식정보화 사회, 디지털 정보화 사회로 변화하면서 기업의 업무방식은 어떻게 바뀌었을까?

산업사회에서 기본적인 업무방식은 '포드시스템'으로 대표되는 분업이다. 분업은 하나의 노동과정을 여러 부문으로 나누어서 개인이나 개별 집단이 각각 자신에게 주어진 임무를 수행하는 방식이다. 가령 컴퓨터 생산 과정에서 모니터 제조, 본체 조립, 포장 등 각 부문으로 역할을 나누어서 각자 자신이 맡은 역할을 수행하는 것이 분업의 예다.

지식정보화 사회가 되면서 이제 분업보다 협동이 중요해졌다. 협동이란 서로 다른 부서에서 일하는 둘 이상의 사람들이 정해진 프로세스와 역할 내에서 도움을 주고받는 것을 말한다. 예를 들어, 생산부서가 구매부서의 도움을 받아서 원자재를 조달하거나, 영업부서와 마케팅 부서가 협력하여 영업활동을 전개하는 경우가 이에 해당한다.

디지털 정보화 사회로 접어들어 지식과 정보의 교류가 더욱 활발해지면서 이제 공유의 수준도 높아졌다. 이제 정해진 프로세스와

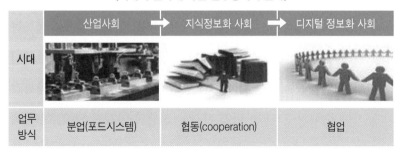

〈시대의 변화에 따른 업무방식의 변화〉

	산업사회 ➡	지식정보화 사회 ➡	디지털 정보화 사회
시대			
업무 방식	분업(포드시스템)	협동(cooperation)	협업

역할을 넘어서서 공동의 목표를 달성하기 위해 머리를 맞대야 하는 경우가 많아졌다. 그 결과 협동이 아니라 협업이 필요한 시대가 된 것이다.

그렇다면 협업이란 무엇인가? 협업은 '공동의 목표를 달성하기 위해 여러 이질적인 구성원이 힘을 합쳐 함께 일하는 것'을 말한다. 가령 회사 내부에서는 제품 품질의 혁신을 위해 기술, 연구, 마케팅, 영업부서 구성원이 모여서 공동의 작업을 수행한다. 또는 회사 내부의 차원을 벗어나, 다른 업종의 회사와 새로운 비즈니스 기회를 만들기 위해서 협력하는 활동 등이 여기에 해당한다. 요컨대 시대 환경이 디지털 정보화 시대로 변화하면서 기업의 업무방식도 협업을 강조하는 쪽으로 바뀐 것이다.

협업의 의미를 좀 더 명확히 하기 위해서는 기존의 분업과는 어떻게 다른지 살펴보는 것이 필요하다. 협업은 영어로 'collaboration'

인데, 이는 '함께col 일한다labor'는 뜻이다. 반면 분업은 영어로 'division of labor'로, '일을 나눈다'는 뜻이다. 가령 선풍기를 만드는 공장에서는 컨베이어 벨트를 따라 선풍기를 조립하는데, 이때 작업자는 각자 역할을 나누어서 자신에게 주어진 작업 라인에서 반복적인 동작만 수행하면 된다. 어떤 사람은 선풍기 날개만 달고, 어떤 이는 외부 덮개만 씌우고, 어떤 이는 리모컨 나사만 조이는 식이다. 각자가 단순 동작을 반복하다 보니 숙련이 되고 작업 속도가 빨라져서 전체적으로 생산성이 높아지는 효과가 있다.

그러나 협업은 분업과 차원이 다르다. 단어의 정의에서도 알 수 있듯이 분업이 업무를 나누는 것이라면, 협업은 업무를 합하는 것이다. 서로 이질적인 업무를 합하여 새로운 가치를 만들어냄으로써 공동의 목표를 달성하는 과정을 말한다. 분업과 협업의 차이를 표를 통해 알아보면 다음과 같다.

〈분업과 협업의 차이〉

구분	분업(division of labor)	협업(collaboration)
개념	일을 나누어서 하는 것	함께 협력하여 일하는 것
정의	여러 사람이 **일을 나누어서** 하는 것	(전문적인 영역을 나누어) **서로 협력하여 새로운 가치를 만들어내어** 공동의 목표를 달성하는 과정
작용	물리적 분배	화학적 융합
목표	효율성(efficiency)	시너지(synergy)

여기서 핵심은 '새로운 가치를 만들어내는지'의 여부이다. 단순하게 도식화한다면, 새로운 가치를 만들어내지 못하는 결합이 분업이라면, 새로운 가치를 만들어내는 결합이 협업인 것이다. 분업의 작용이 물리적 분배에 그치는 반면, 협업의 작용은 물리적 결합을 넘어 화학적 융합까지 이루어지는 것을 의미한다. 화학적 융합은 결합하기 전에 각 요소가 가지고 있는 특징은 대부분 사라지고, 새로운 메커니즘이 작용하여 이전과는 전혀 다른 형태로 변화하는 것을 말한다. 이러한 화학적 융합의 결과로 새로운 가치, 즉 시너지가 만들어지는 것이다.

분업으로도 생산성을 높일 수는 있지만 이것은 단순 동작의 반복에 따른 효과일 뿐이다. 같은 동작을 반복하다 보면 숙달되어 단위 작업에 드는 시간이 적어지고, 이는 효율성을 높이는 결과로 이어진다. 하지만 이러한 단순 반복의 효과에는 한계가 있을 수밖에 없다. 아무리 반복하더라도 작업시간을 무한정 줄일 수는 없기 때문이다. 따라서 분업에 의한 단순 반복만으로는 일정 수준 이상의 생산성을 높이는 데 한계가 있다.

이와는 달리 화학적 융합을 가져오는 협업은 기존과는 전혀 다른 새로운 방식으로 결합이 이루어지기 때문에 생산성 향상에 한계가 없다. 기존 방식으로는 도저히 만들어내기 힘든 결과를 얻을 수도 있다. 요컨대 분업과 협업은 그 작용이 유사해 보이는 면이 있지만 전혀 다른 결합 시스템이다. 분업보다는 협업이 훨씬 고차원적인 결합 방식이라고 할 수 있다.

21세기에 접어들면서 각 산업 분야는 경계가 모호해지고 복잡해졌다. 또한 고객의 기대도 높아지고 요구 수준도 까다로워졌다. 그만큼 고객을 만족시키기도, 시장에서 경쟁 우위를 차지하기도 어려워졌다. 새로운 가치를 창출하기가 과거보다 훨씬 어려워졌다는 말이다. 그럼 어떻게 해야 할까? 앞서 언급한 바와 같이 패러다임을 변화시켜야 한다. 이제 더 이상 특정한 한 가지 기술만으로는 고객을 만족시키거나 새로운 가치를 창출하는 데 한계가 있다. 이질적인 기술과 요소를 결합하여 새로운 가치를 만들어내야 한다. 이를 위해서는 앞서 말했던 것처럼 콜라보의 기술이 중요하다. 애플이 콜라보를 통해 아이팟을 만들어냈듯이 말이다. 단언컨대, 이제는 콜라보의 시대다.

시대의 키워드 둘 – 창조

❖ **창조는 모두에게 기회일까**

디지털 정보화 시대의 또 다른 키워드는 창조^{creativeness}다. 오늘날 개인이나 기업에 있어 새로운 무언가를 창조할 수 있는 능력은 매우 중요한 역량이 되었다. 《창조경제》의 저자 존 호킨스^{John Howkins}는 "이제 좋은 아이디어만 가졌다면 누구라도 돈을 벌 수 있다."고 주장했다. 한마디로 지금은 창조적 능력이 부^富의 가장 큰 원천이라는 말이다.

여기서 퀴즈 하나! 세계에서 가장 어린 나이에 자신의 능력으로 부자가 된 사람은 누구일까? 아마도 이 질문에 가장 먼저 떠오르는 사람은 마크 주커버그일 것이다. 1984년생인 그는 2004년에 '세상의 모든 사람을 연결시키겠다'는 꿈을 가지고 인맥관리 서비스인 페이스북을 만들었다. 이로 인해 그는 20대의 나이에 억만장자의 반열에 올랐다. 이러한 예를 보면 요즘은 좋은 아이디어만 있으면 누구라도 돈을 벌 수 있는 시대라는 말이 전혀 틀린 말은 아닌 듯하다. 물론 누구에게나 그러한 기회가 주어지는 것은 아니겠지만 말이다.

마크 주커버그 정도는 아니더라도, 요즘에는 신문이나 뉴스를 보면 좋은 아이디어 하나로 수십억, 수백억을 벌었다는 기사를 종종 접하게 된다. 이를 보면 확실히 지금은 과거에 비해 창조적인 사람이 주목받고, 창조적 능력을 가진 사람이 돈을 버는 시대인 것만은 사실이지 싶다. 한마디로 창조가 새로운 기회이자 꿈인 시대다.

그러나 이러한 시대적 변화가 모든 사람에게 기회로 작용하는 것은 아니다. 과거에는 특정 직무를 수행하는 데 필요한 지식과 기술, 성실성만 있어도 비즈니스 세계에서 나름의 경쟁력을 가질 수 있었다. 하지만 창조의 시대에는 이것만으로는 부족하다. 기존 역량에 더하여 창조성이라는 새로운 역량까지 요구되고 있기 때문이다. 뒤집어 생각해보면, 창조성이 부족한 경우에는 기회가 아니라 오히려 시대에 뒤떨어진 사람이 되어 자기 분야에서 도태될 수도 있다는 경고일 수도 있다.

요컨대 창조의 시대에 필요한 창조적 능력은 모두에게 기회로 작용하는 것이 아니라 누군가에게는 위협이 될 수도 있는 것이다. 따라서 '창조란 무엇인가', '어떻게 창조성을 발휘할 수 있는지' 이해하는 것은 선택이 아니라 필수사항이라고 할 수 있다.

❖ 창조의 비밀은 가까운 데 있다

무엇인가를 새롭게 만들어내는 능력, 즉 창조성은 최근 들어서 특히 주목받는 역량일까? 그렇지 않다. 어느 시대, 어느 나라에서나 창조성은 항상 중요한 능력이었다. 언제나 창조적인 사람이 새로운 시대를 개척해왔기 때문이다.

그렇다면 창조란 무엇일까? 사전에서는 창조를 세 가지 형태로 정의하고 있다.

[창조의 정의]
(1) 전에 없던 것을 처음으로 만듦
(2) 신(神)이 우주 만물을 처음으로 만듦
(3) 새로운 성과나 업적, 가치 따위를 이룩함

창조란 먼저 '전에는 없던 것을 새롭게 만들어내는 것'을 말한다. 하지만 창조란 신이 우주 만물을 처음으로 만들었듯이, 아무것도 없는 무無에서 유有를 만들어내는 것만을 의미하지는 않는다. 새로운 성과나 업적, 가치 따위를 이룩하는 것도 포함된 개념이다. 일반적으로 무에서 유를 만드는 일, 다시 말해 전에 없던 것을 처음으로 만들어내는 창조는 쉬운 일이 아니다. 만약 창조의 의미를 무에서

유를 만드는 일에 국한한다면 이것은 인간에게는 매우 높은 벽이 되고 만다. 인간의 영역을 넘어섰기에 감히 오를 엄두조차 내기 어렵다. 차라리 신의 영역이라고 해야 하지 않을까? 그러므로 우리가 주목해야 할 것은 세 번째 정의다. 무로부터 유의 창조가 아닌, 새로운 성과나 업적, 가치 따위를 만들어내는 창조다.

예를 들어보자. 2010년 2월 14일, EBS에서 재미있는 실험을 했다. 두 상인이 밸런타인데이에 길거리에서 사과를 팔았다. 두 상인이 판매하는 사과의 품질과 가격은 동일하다. 하지만 두 상인이 사람들에게 판매하는 방식은 조금 달랐다. 그들은 각각 고객들에게 다음과 같이 말하면서 사과를 사줄 것을 설득했다.

A판매대	B판매대
꿀사과 하나에 천 원이에요. 사과 사가세요. 단돈 천 원에 모시고 있습니다. 값도 싸고 맛도 좋은 명품사과를 단돈 천 원에 모시고 있습니다. 꿀사과가 단돈 천 원.	사랑이 이루어지는 커플사과가 왔습니다. 사랑의 노래만 들려주고 키웠습니다. 오늘 2월 14일 설날이자 밸런타인데이에 사과를 선물해주세요. 초콜릿보다 더 건강한 사과를 선물해주세요.

(자료: EBS 다큐프라임 〈이야기의 힘〉 3부)

어느 쪽이 많이 팔렸을까? 실험 결과, B판매대의 사과가 A판매대 사과보다 6배나 많이 팔렸다. 사람들은 왜 B에서 사과를 사는 것일까? 단정적으로 말하기는 어렵지만, 사람들은 대부분 왠지 모르게 B에서 사과를 사고 싶을 것이다. 왜 그럴까? 그 이유는 두 상인이 판매하는 상품이 서로 다르기 때문이다. A판매대의 상인은 지금 사과를 팔고 있다. 그것도 맛있고 영양 많은 사과를 단돈 천 원에. B판매대의 상인은 무엇을 팔고 있는 것일까? 그도 사과를 팔고 있는 것일까? 그렇지 않다. B판매대의 상인은 지금 사과가 아니라 '사과에 담긴 추억, 사랑, 이벤트'를 팔고 있다.

결국 그들은 서로 다른 상품을 팔고 있는 셈이다. 달리 표현하면 A와 B는 서로 비즈니스 모델이 다르다. A가 농산물 유통업이라면 B는 엔터테인먼트 산업이라고 봐야 하지 않을까? B가 A보다 많이 팔 수 있었던 것은 기존과는 다른 새로운 가치를 만들었기 때문이다. 이처럼 동일한 것에서 새로운 가치를 만들어내는 행위도 창조다. 창조 행위는 기존과는 다른 결과를 가져다준다.

이처럼 창조란 기존에 없던 것을 처음으로 만드는 것뿐만 아니라, 기존의 것에서 새로운 가치나 성과를 만들어내는 것도 해당한다. 오늘날에는 전자의 창조보다는 후자의 창조가 훨씬 더 빈번하게 일어나고 있다. 창조의 개념이 무에서 유의 창조만을 의미하지 않고, 기존의 것에서 새로운 가치를 만들어내는 일이라고 그 의미를 확장해 보면 많은 사람에게 위안을 줄 수 있다. 평소 창조라는 단어가 남의 나라 이야기처럼 느껴지던 사람에게조차도 '아, 어쩌면 나도 창조를 할 수 있겠구나.' 하는 희망을 주기 때문이다.

바로 이 지점이 중요하다. 창조가 신의 영역이 아니라 인간의 영역에 속한다는 것, 전혀 존재하지 않았던 것을 처음으로 만드는 것이 아니라 기존에 있던 것에서 새로운 가치를 만들어내는 것도 창조라는 사실을 아는 것이 필요하다. 창조를 좀 '만만하게' 본다고나 할까. 《창조습관》의 저자 이홍 교수도 창조를 잘하기 위해서는 먼저 "창조를 쉽게 여기는 것"이 필요하다고 했다. 창조는 그 자체로 목적이 아니라 삶을 풍요롭게 만드는 수단이기 때문이다. 인류사에 길이 남을 위대한 발명만이 창조가 아니라, 우리 삶의 곳곳에서 새로운 가치를 만들어내는 것도 창조다. 어떤가? 이제 '나도 창조를 할 수 있겠구나!'라는 생각이 드는가?

❖ 원천 창조에서 융복합 창조로

창조에 대해 이전보다 쉽게 대할 수 있는 마음이 생겼다면, 이제부터는 창조의 방식이 어떻게 변화해왔는지를 살펴볼 필요가 있다. 앞서 말했듯이 우리 사회는 원시 농경사회에서 산업사회로, 산업사회에서 지식정보화 사회, 디지털 정보화 사회로 변화해왔다. 이처럼 사회가 변화함에 따라 개인이나 기업이 창조를 만들어내는 방법이나 관점 또한 변화해왔다. 이와 같은 창조 방식의 변화는 크게 세 가지로 구분할 수 있는데, 다음 그림과 같다.

창조 1.0은 **원천 창조**의 시대이다. 인간을 호모파베르^{Homo faber} 라고 부르기도 하는데, 이는 도구적 인간을 의미한다. 인간의 본질을 도구를 제작하고 사용할 줄 안다는 점에서 파악하는 인간관을 말한다. 다른 동물과는 달리 인간만이 도구를 만들어 삶의 여러 곳에 유용하게 사용해왔다. 이와 같이 다른 것에서 차용하지 않고 처음으로 새로운 것을 만드는 행위가 원천 창조에 해당한다. 하지만 엄밀하게 따져서 원천 창조에 해당하는 경우는 그다지 많지 않다.

창조 2.0은 **모방 창조**의 시대이다. 사람들은 비행기를 최초로 발명한 사람이 라이트형제라고 알고 있다. 하지만 최초로 비행기를 고안했던 사람은 레오나르도 다빈치였다. 1793년 레오나르도 다빈치의 메모 노트인 코덱스가 공개되었는데, 거기에는 다빈치가 비행기계를 스케치한 그림이 있었다. 15세기에 이미 다빈치가 비행기를 창조하려 했던 것이

다빈치의 메모 중에서 비행기계 스케치_ 다빈치는 15세기에 이미 비행기계를 구상했다.

다. 그럼 다빈치는 비행기계를 원천 창조한 것일까? 그렇지 않다. 그도 새의 날개로부터 영감을 얻어서 그린 것이다.

모방 창조란 기존의 것을 모방하거나 차용함으로써 새로움을 창조하는 과정이다. 이때 새롭게 만든 창조물에는 기존의 성질이 그대로 남아 있다. 가령 스팀청소기가 그런 경우에 해당한다. 스팀청소기는 기존의 진공청소기와는 달리 뜨거운 스팀을 활용하여 바닥을 보다 깨끗하게 청소할 수 있도록 만든 새로운 아이디어 상품이다. 이러한 아이디어는 어디서 가져온 것일까? 대부분 알아차렸겠지만, 바로 스팀다리미에서 차용한 것이다. 결국 스팀청소기는 기존의 청소기에 스팀다리미의 스팀작용을 모방해서 만든 창조물인 셈이다. 이외에도 여성의 속눈썹을 올려주는 전동 마스카라 기계는 전동 칫솔에서 아이디어를 모방했으며, 생수병 가습기는 기존의 가습기에다 끼우는 생수통의 원리를 모방해서 만든 아이디어 상품이다. 이처럼 모방 창조에는 새롭게 만든 창조물에도 기존 상품의 고유한 성질이 그대로 남아 있게 마련이다.

[모방 창조의 예]
– 진공청소기 + 스팀다리미 = 스팀청소기
– 마스카라 + 전동 칫솔 = 전동 마스카라
– 기존 가습기 + 생수통 = 생수병 가습기

Collaboration

창조 3.0은 **융복합 창조**의 시대이다. 융복합 창조는 기존의 것을 녹여서 새로운 것을 만들어내는 창조라고 할 수 있다. 그래서 새롭게 만든 창조물에는 기존에 들어갔던 요소의 성질을 거의 찾아보기 어렵다. 화학적 결합을 통해 기존과는 성질이 다른, 전혀 새로운 것이 탄생했기 때문이다. 이러한 융복합 창조의 대표적인 예가 앞서 보여주었던 애플의 아이팟이다. 아이팟에는 기존에 존재했던 여러 가지 요소 기술들이 들어갔지만, 새롭게 만든 창조물에는 그것이 잘 드러나지 않는다. 각 요소들을 화학적으로 융합했기 때문이다.

스마트폰도 대표적인 융복합 창조의 예라고 할 수 있다. 지금의 스마트폰은 소통 기기였던 휴대전화가 진화한 결과이다. 처음에는 소통 장치였던 전화기에 정보수집 기능, 게임 기능, 카메라 기능, MP3 플레이어 기능 등을 합치면서 하드웨어적 진화를 거듭해왔다. 이후 하드웨어와 소프트웨어의 혁신적인 만남을 통해 더 이상 '전화기가 아닌 전화기'인 스마트폰이라는 완전히 새로운 장르가 탄생한 것이다.

이와 같이 오늘날 창조란 기존의 것에서 단순히 모방하는 데 그치지 않고 융복합을 통해 새로운 가치를 끊임없이 창조해내는 데서 주로 나온다. 이러한 융복합 창조를 과거 모방 창조와 구분하여 창조 3.0이라고 부르는 것이다. 그렇다면 융복합 창조는 어떻게 만들어지는가? 아이팟이 고도의 협업의 산물인 것처럼 융복합 창조는 바로 콜라보레이션을 통해 만들어진다. 이질적인 요소들을 서로 결합하고 용해하여 기존과는 다른 새로운 상품을 창조하는 것이다. 창조의 시대에 '창조'와 '콜라보'는 필연적으로 함께할 수밖에 없는 운명공동체인 셈이다.

영화 〈아바타〉의 성공비결

우리나라에서 상영된 외화 중에서 가장
흥행에 성공한 영화는 제임스 카메론 감독
의 〈아바타〉이다. 영화 〈아바타〉는 에너
지 고갈 문제를 해결하기 위해 대체 자원 채
굴에 나선 인류가 행성 판도라에서 벌이는
스펙터클한 SF 영화다. 인류는 행성 판도라
에서 그곳의 토착민인 나비족의 외형에 인
간의 의식을 주입하여 원격 조정이 가능한
'아바타' 프로그램을 실행한다. 그 과정에서
지구인과 나비족 간에 운명을 건 전쟁을 벌
이게 되는데, 영화에서는 그러한 과정을 화
려한 CG 기술로 구현하여 관객을 몰입하게
만든다. 그 결과, 영화 〈아바타〉는 국내에
서만 무려 1300만 명이 넘는 관객을 동원

제임스 카메론 감독의 〈아바타〉 포스터_ 아바
타가 성공할 수 있었던 것은 초호화 CG 기술이
나 3D 영상 도입뿐만 아니라 창조적 콜라보를
통해 새로운 가치를 창출한 데 있다.

하여 외화 중에서 가장 높은 흥행기록을 세우기도 했다.

아바타의 성공비결은 무엇일까? 사람들은 흔히 〈아바타〉의 성공비결로 초호화 CG 기
술이나 3D 영상의 도입을 꼽는다. 하지만 1300만 명이라는 엄청난 관객을 동원할 수 있었
던 것은 그것 외에도 여러 요인들이 함께 작용한 결과이다. 국내의 시장 규모로 보면 1300
만 명의 관객을 동원하기 위해서는 평소 영화를 자주 접하지 않는 40~50대 관객을 영화관
으로 불러올 수 있어야 한다. 당연한 이야기지만, 그것이 가능하기 위해서는 40~50대 관객
의 정서에도 호소할 수 있는 그 무엇인가가 필요할 것이다. 실제로도 영화 〈아바타〉에는
40~50대 관객의 관심을 끌 만한 장치들이 곳곳에 숨어 있다. 무엇일까?

영화 〈아바타〉는 제임스 카메론 감독이 시나리오만 12년 동안 준비한 것으로 알려졌다.
그가 오랫동안 심혈을 기울인 것 중에는 CG나 3D 기술뿐만 아니라 40~50대 관객이 폭넓

게 공감할 수 있는 부분까지 세밀하게 신경을 썼던 점이 있다. 예를 들면, 영화 〈아바타〉의 나비족이 사는 판도라 행성에는 하늘에 둥둥 떠다니는 섬을 볼 수 있다. 사실 이러한 장면은 우리들의 일반적인 상식으로 보면 매우 생소한 그림이다. 암석 덩어리인 거대한 섬이 어떻게 풍선처럼 하늘에 떠 있을 수 있겠는가? 하지만 대부분의 사람들은 그 장면을 보고도 그다지 낯설게 느끼지 않는다. 왜 그럴까? 그것은 우리의 정서나 기억 속에 그와 유사한 장면이 이미 아로새겨져 있기 때문이다.

〈아바타〉에서 하늘에 떠 있는 섬을 그전에 어딘가에서 본 적이 없는가? 혹시 일본 애니메이션 〈천공의 성 라퓨타〉라는 영화를 기억하는가? 이 영화는 상상력의 거장이라고 불리는 일본 애니메이션 감독인 미야자키 하야오 감독의 작품으로, 우리나라에서도 흥행했던 애니메이션이다. 제임스 카메론 감독은 〈아바타〉에서 하늘에 떠 있는 섬의 모티브를 미야자키 하야오 감독의 〈천공의 성 라퓨타〉에서 얻었다고 한다. 그러니까 최신의 SF 영화도 사실 알고 보면 과거에 유행했던 만화영화에서 아이디어를 빌려온 것이다. 그렇다면 상상력의 거장이라 불리는 미야자키 하야오 감독은 〈천공의 성 라퓨타〉를 혼자서 상상해 낸 것일까? 그렇지 않다. 그도 누군가로부터 아이디어를 빌려온 것에 불과하다. 누구일까? 바로 《걸리버 여행기》의 작가로 유명한 조너선 스위프트와 벨기에의 초현실주의 화가인 르네 마그리트이다.

미야자키 하야오 감독은 〈천공의 성 라퓨타〉의 아이디어를 구상할 때 여러 인문고전으로부터 아이디어를 얻었다. 먼저 라퓨타는 영국의 풍자작가인 조너선 스위프트의 《걸리버 여행기》에서 차용했다. 라퓨타는 《걸리버 여행기》에 등장하는 가공의 나라이다. 책에 따르면, 라퓨타는 하늘을 날아다니는 섬이거나 암석으로 지름이 7.24km나 되고 매우 단단한 토대를 가지고 있다. 그 섬에 사는 사람들은 자기 공중부양으로 섬을 어느 방향으로든 이동할 수 있다. 어떻게 생겼는지 궁금한가? 라퓨타의 모습을 상상하려면, 이제 벨기에의 초현실주의 화가인 르네 마그리트의 그림을 감상하는 것이 도움이 된다. 그가 1959년에 그린 〈피레

네의 성〉이라는 작품이 라퓨타의 모습이다. 실제로 미야자키 하야오 감독은 〈천공의 성 라퓨타〉를 준비하면서 라퓨타의 아이디어는 《걸리버 여행기》에서, 그 이미지는 마그리트의 작품에서 가져온 것이다.

이처럼 어떠한 창조적 예술품도 그 아이디어를 새롭게 무에서 창조하는 경우는 거의 없다. 대개 과거의 창작물, 주로 인문고전이나 예술 작품에서 빌려온 것이 많다. 영화 〈아바타〉가 일본 애니메이션인 〈천공의 성 라퓨타〉에서 아이디어를 차용했으며, 〈천공의 성 라퓨타〉도 과거의 소설과 회화에서 모티브를 빌려온 것처럼 말이다. 우리는 이런 것도 콜라보라고 말할 수 있을까? 아무튼 여기서 우리가 눈여겨보아야 할 점은 창조적 콜라보를 통해 새로운 가치를 창출할 수 있다는 점이다.

흔히 21세기를 창조의 시대라고 한다. 하지만 창조를 한다고 마냥 과거의 것을 버리고 새로운 것만을 찾는 것이 능사는 아니다. 오히려 과거의 것에서 새로운 가치를 만들어낼 통찰력과 아이디어를 발굴하는 능력이 더욱 중요해졌다. 이러한 이유 때문에 최근 들어 인문고전이 과거에 비해 더욱 주목을 받고 있는 것이다. 인문고전에서 새로운 창조의 가능성을 발견할 수 있기 때문이다. 인문고전과 현대의 만남, 인문과 비즈니스의 콜라보 속에 새로운 가치를 창조할 수 있는 길이 있다.

창조적 콜라보

몇 해 전 가수 싸이가 〈강남스타일〉이라는 노래로 소위 '대박'을 쳤다. 세계 최대의 동영상 사이트인 유튜브(www.youtube.com)에서 〈강남스타일〉 뮤직비디오는 20억 뷰가 넘는 대기록을 세우기도 했다(지금도 페이지뷰가 계속 늘어나고 있다). 역사상 어느 누구도 이루지 못했던 빅히트를 기록한 것이다. 그렇다면 〈강남스타일〉의 성공요인은 무엇일까? 노래가 좋아서? 아니면 춤이 재미있어서? 한두 가지로 설명하기가 곤란하다. 여러 가지 요인들이 복합적으로 작용하여 시너지를 만들었기 때문이다.

전문가들의 분석에 따르면, 〈강남스타일〉은 CPNT 관점에서 여러 요인들이 상승작용을 일으켰다고 한다. CPNT란 콘텐츠contents, 플랫폼platform, 네트워크network, 터미널(단말기)terminal의 약자로 한마디로 〈강남스타일〉은 이들 네 가지 요소를 잘 결합하여 만든 히트상품이라는 것이다.

먼저 콘텐츠 측면에서는 엉뚱하면서도 반복적인 노래 스타일, 경쾌하고 신나는 리듬 등이 입소문을 타기 좋게 만들어졌다는 점, 플랫폼 측면에서는 TV뿐만 아니라 유튜브를 통해 자유로운 확산이 가능했던 점, 네트워크 측면에서도 저스틴 비버, 브리트니 스피어스, 톰 크루즈 등 세계적인 스타가 페이스북이나 트위터 등 SNS를 통해 〈강남스타일〉을 언급하면서 전 세계로 확산하는 계기가 된 점, 태블릿이나 모바일 등 다양한 이동식 단말기를 통해 싸이의 〈강남스타일〉을 언제 어디서나 쉽게 감상할 수 있는 환경이 만들어졌다는 점 등이 복합적으로 작용한 결과라는 것이다.

결국 〈강남스타일〉의 성공은 창조적 콜라보creative collaboration가 이루어졌기에 가능했다고 말할 수 있다. 개별 요소들의 상호작용으로 시너지(창조)를 만들었기 때문에 최고의 히트작이 된 것이다. 요컨대 〈강남스타일〉의 성공은 기존에는 그 유래를 찾아보기 힘든 창조적인 콜라보의 과정을 거쳐 만들어진 결과라고 할 수 있다.

❖ 창조와 콜라보의 운명적 만남

〈강남스타일〉의 성공에서도 보듯이, 창조와 콜라보는 운명적으로 함께할 수밖에 없다. 우리는 이를 창조적 콜라보라 부르겠다. 그렇다면 창조적 콜라보란 무엇인가? 말 그대로 '창조'와 '콜라보'를 합친 말이다. 앞에서 콜라보란 '서로 협력하여 새로운 가치를 만들어내어 공동의 목표를 달성하는 과정'이라고 정의하였다. 또한 창조란 '기존에는 없었던 새로운 가치를 만들어내는 것'이라고 정의하였다. 즉, 창조적 콜라보란 **콜라보를 통해 새로운 가치를 만들어내는 과정**이라고 정리할 수 있다.

창조가 결과물이라면 콜라보는 창조를 만들기 위한 과정이자 방법이다. 콜라보라는 수단을 통해 창조라는 결과를 이끌어내는 활동이 곧 창조적 콜라보인 것이다. 창조를 효과적으로 만들어내는 수단이 콜라보라면, 창조의 시대는 창조적 콜라보의 시대라고 말할 수 있다. 창조의 시대에는 창조적 콜라보를 잘하는 조직이 살아남고 더 많은 성과를 창출할 수 있다. 이와 같은 창조적 콜라보의 대표적인 사례로 '태양의 서커스'를 들 수 있다.

미국 네바다 주의 남동부 사막에 있는 도시 라스베이거스. 라스베이거스 하면 가장 먼저 무엇이 떠오르는가? 만약 카지노나 도박이 떠오르는 사람이라면 라스베이거스에 방문한 적이 없거나 그곳을 방문한 지 꽤 오래된 사람일 것이다. 라스베이거스가 '도박과 환락의 도시'라고 불렸던 시절은 먼 과거의 이야기이기 때문이다. 이제 그곳은 더 이상 카지노와 도박의 도시가 아니다. 요즘이라면 라스베이거스는 단연코 '공연의 도시'로 불린다. 지금도 라스베이거스는 세계 최대의 공연 도시로 수많은 관광객이 넘쳐나고 있다. 도박의 도시에서 공연의 도시로 탈바꿈한 것이다.

그렇다면 도박의 도시였던 라스베이거스를 공연의 도시로 탈바꿈한 장본인은 누구일까? 일등 공신은 바로 **태양의 서커스**이다. 태양의 서커스는 1984년 캐나다에서 길거리 공연을 하던 평범한 서커스단이었다. 하지만 지금은 세계 최고의 공연 엔터테인먼트 기업으로 성장하여 세계적인 성공을 거두고 있다. 태양의 서커스 성공비결은 무엇일까? 흔히 사람들은 서커스의 핵심 경쟁력은 곡예 기술이라고 말한다. 서커스는 줄타기나 곡마, 요술 등 다양한 재주를 가진 사람들이 자신의 탁월한 재주를 관객에게 보여줌으로써 수익을 얻는 비즈니스 모델이다. 따라서 서커스단의 곡예 기술이 얼마나 뛰어난지가 경쟁력을 판가름하는 중요한 기준임은 틀림없는 사실이다.

하지만 태양의 서커스의 곡예 수준은 세계 최고 수준은 아니다. 곡예 수준으로만 치자면 우리나라의 동춘 서커스가 훨씬 뛰어날지도 모른다. 동춘 서커스는 1925년 30명의 서커스 단원이 참여해 만든, 소위 역사와 전통을 자랑하던 서커스단이다. 1960~70년대에는 단원만 250명이 넘을 정도로 전성기를 누리기도 했다. 하지만 지금은 그 명맥을 유지하기 힘들 정도가 되었다. 그렇다면 역사도 오래되었고 곡예 수준도 뛰어난 동춘 서커스단은 쇠퇴한 반면, 역사도 짧고 곡예 수준도 높지 않은 태양의 서커스는 잘나가는 이유는 무엇

태양의 서커스_ 태양의 서커스를 이끄는 기 랄리베르테는 기존의 서커스
에 연극, 오페라, 무용 등을 융합하여 전혀 새로운 장르를 만들어냈다.

일까? 그 이유는 동춘 서커스는 새로운 가치를 만드는 데 실패한 반
면, 태양의 서커스는 새로운 가치를 창조했기 때문이다.

　태양의 서커스의 성공비결은 단지 서커스에만 있는 것이 아니다.
태양의 서커스 대표인 기 랄리베르테Guy Laliberte는 서커스에서 개별
적인 곡예만을 단편적으로 보여주는 형식으로는 더 이상 승산이 없
다고 판단했다. 그래서 기존의 서커스에 연극, 오페라, 무용 등을 융
합하여 전혀 새로운 장르를 만들어냈다. 태양의 서커스에는 곡예사
가 나와서 아무런 레퍼토리도 없는 동작만을 보여주는 일은 없다.
처음부터 철저하게 준비한 각본에 따라서 배우가 자신의 배역을 연
기하듯 공연을 한다. 그럼으로써 단순한 서커스가 아닌 웅장한 음
악과 화려한 조명, 아름다운 의상, 훌륭한 배우들의 몸짓이 한데 어

우러져 스토리가 있는 한편의 장엄한 대서사를 연출한다. 곡예와 연극, 오페라 그리고 음악과 무용이 만나 무대 위에서 한편의 향연을 펼치는 것이다. 이제껏 한 번도 본 적이 없는 새로운 장르에 관객들은 아낌없는 환호와 찬사를 보내주었다.

이전까지 서커스는 항상 똑같은 레퍼토리를 보여줌으로써 한번 서커스를 관람한 사람이라면 더 이상 관심을 갖지 않게 되었다. 그러나 태양의 서커스는 다양한 스토리가 있는 여러 가지 공연으로 전혀 새로운 장르의 예술로 재탄생하였다. 결국 태양의 서커스는 서커스만으로 승부한 것이 아니라, 다양한 이질적인 장르와 결합하여 새로운 가치를 창조한 것이다. 한마디로 창조적 콜라보의 결과인 셈이다.

❖ 창조적 콜라보의 본질 – 융복합 사고

앞서 우리는 여러 사례를 통해 창조적 콜라보로 새로운 가치를 창출할 수 있고, 그 결과는 성과로 이어진다는 사실을 검토했다. 바꿔 말하면 창조적 콜라보를 잘하면 '돈이 된다'고 말할 수도 있겠다. 그렇다면 돈이 되는 창조적 콜라보를 잘하기 위해서 전제해야 할 것은 무엇일까?

유유상종類類相從이라는 말이 있다. 같은 무리끼리 서로 사귄다는 뜻이다. 아무래도 평소에 가깝고 잘 아는 사이거나 자신과 유사한 속성을 가진 대상과 만나면 우선 편안한 마음이 든다. 자신과 비슷한 점이 많아서 서로 공감하기도 쉽고 대화도 잘 통한다. 하지만 창조적 콜라보를 위해서는 유유상종을 피하는 것이 좋다. 비슷한 사람끼리 모여 있으면 마음은 편할지 모르겠지만 새로움이나 시너지를 만들어내기는 어렵기 때문이다. 돈이 되는 창조적 콜라보를 위해서는 다소 불편하더라도 낯설고 이질적인 사람들과도 기꺼이 교류하고 소통하는 것을 즐겨야 한다.

이처럼 불편함과 어색함을 무릅쓰고 낯선 사람과도 기꺼이 교류하면서 소통하는 태도, 이것은 융복합 사고가 없이는 어려운 일이다. 융복합 사고란 이질적인 사람들끼리 서로 융화하여 새로운 가치를 만들어내려는 태도나 생각을 말한다. 요컨대 창조적 콜라보를 위해서는 각 주체가 융복합 사고를 가져야 한다는 뜻이다. 이와 같은 융복합 사고를 바탕으로 창조적 콜라보를 만들고 새로운 가치를 창출했던 사례로는 르네상스를 이끌었던 메디치 가문을 들 수 있다.

15세기 중엽 이탈리아 피렌체의 메디치 가문은 은행업으로 번 돈을 바탕으로 문화예술가, 철학자, 과학자, 상인 등 여러 분야의 전문가들을 후원하였다. 이렇게 해서 생긴 이질적 집단 간의 교류가 활발해지자 자연스럽게 서로의 역량을 융합하면서 새로운 시너지를 창출하였고, 그 힘으로 찬란한 르네상스 시대를 열 수 있었다. 이 때문에 생겨난 말이 '메디치 효과'이다.

메디치 효과는 '서로 관련이 없을 것 같은 이종 간의 다양한 분야가 서로 교류, 융합하여 독창적인 아이디어나 뛰어난 생산성을 나타내고 새로운 시너지를 창출할 수 있다'는 이론이다. 한마디로 융복합 사고의 전형을 보여주는 이론인 셈이다. 이러한 메디치 효과를 잘 보여주는 비즈니스 사례로는 아프리카 짐바브웨의 수도 하라레에 있는 이스트게이트 쇼핑센터가 있다.

아프리카 짐바브웨의 수도 하라레에 가면 이스트게이트 쇼핑센터라는 거대한 빌딩이 있다. 이곳은 일교차가 심하기도 하지만, 한낮의 기온이 섭씨 40도 가까이 오른다고 한다. 그런데 이스트게이트 쇼핑센터는 별도의 냉방장치가 없음에도 한낮의 실내온도를 24도 정도로 유지한다고 한다. 어떻게 이런 일이 가능한 것일까?

이처럼 요술 같은 결과는 생물학과 건축학의 융합에서 그 비밀을 찾을 수 있다. 이스트게이트 쇼핑센터는 짐바브웨가 고향인 건축가 믹 피어스Mick Pearce가 설계했다. 그는 엄청난 일교차에도 불구하고 항상 일정한 실내온도를 유지하는 아프리카의 흰개미 집 공기순환 시스템에서 힌트를 얻어 세계 최초의 자연냉방 건물을 지었다고 한다.

원리는 대략 이렇다. 흰개미의 집은 마치 탑처럼 높이 솟은 형태인데, 개미탑 아래로는 신선한 공기가 들어오도록 구멍이 뚫려 있고, 위쪽 구멍들은 개미들이 열고 닫으면서 공기의 흐름을 조절하여 집 내부의 온도를 일정하게 유지한다. 피어스는 이를 건축에 적용하여 산소가 많은 찬 공기는 아래로 들어오게 건물의 가장 아래층을 완전히 비우고, 위층에는 이산화탄소가 많은 더운 공기를 빼내는 수직 굴뚝을 여러 개 설치했다. 그 상태에서 맨 위층에는 선풍기를 설치하여 더운 공기가 잘 빠져나가도록 한 것이다. 이처럼 흰개미 집에서 얻은 힌트를 활용함으로써 일반 건물의 10% 정도의 에너지만을 소비하고도 적정온도를 유지할 수 있었다. 결국 효율적인 건축물 설계의 아이디어는 건축학이 아니라 생물학으로부터 나온 셈이다. 피어스는 이와 같은 원리를 적용하여 오스트레일리아 멜버른의 시의 회청사Council House; CH2도 지었는데, 이 건물 또한 가장 창조적인 건축물 중 하나로 꼽히고 있다.

우리나라도 국가적으로 창조경제를 화두로 삼으면서 각 분야에서 창조성의 중요성은 날로 강조되고 있다. 또 창조의 방식도 모방 창조에서 융복합 창조로 중심이 바뀌고 있다. 그 결과 여러 분야에서 메디치 효과는 점점 더 조명을 받고 있다. 15세기에 이미 이종 간의 다양한 융합을 통해 르네상스라는 황금기를 만들어냈듯이, 오늘날에도 보다 많은 분야에서 서로 다른 요소들이 결합하여 새로운 가치를 창조해낼 것으로 기대된다.

최근 들어 우리나라의 관광산업에서도 융복합 사고를 통한 창조적 콜라보를 이룬 사례가 있다. 바로 메디텔meditel이다. 메디텔은 의학이나 의술을 뜻하는 메디신medicine과 호텔hotel의 합성어로, 의료와 숙박시설을 겸한 건물을 의미한다. 의료기술이 뛰어난 한국의 의료산업과 숙박시설인 호텔업계가 힘을 합쳐서 외국 의료관광객을 국내로 불러들이고 있는데, 이는 기존의 의료산업과 호텔산업이 콜라보함으로써 시너지를 만들어내었기에 가능한 일이다.

최근 한국의 의료기술이 뛰어난 것으로 알려지면서 의료를 목적으로 한국을 찾는 사람이 많아졌다. 그런데 문제는 병원에서 치료를 받은 후 어느 정도 휴식을 취해야 하는데 막상 편히 쉴 곳이 없다는 데 있다. 일반 호텔을 이용한다면 이동이나 치료를 받는 일이 번거로울 수밖에 없다. 만약 병원에서 운영하는 숙박시설이 있다면 편안하게 치료와 숙박을 한 번에 해결할 수 있지 않겠는가? 그래서 생겨난 것이 메디텔이다. 특히 한국의 의료기술이 세계 최고라고 알려진 미용성형 분야에서는 메디텔이 또 하나의 한류, 즉 의료 한류의 선봉장 역할을 하고 있다.

메디텔도 결국 병원과 호텔이 융합한 결과이다. 기존의 패러다임으로는 전혀 관련이 없어 보이는 이질적인 산업이 결합하여 새로운 시장을 창조한 것이다. 이것 역시 융복합 사고가 있었기에 가능한 일이다. 이처럼 융복합 사고는 창조적 콜라보를 가능케 하는 중요한 사고방식이다.

❖ 융복합 사고의 샘물 – 인문학

앞서 우리는 창조적 협업을 가능케 하는 전제조건으로 융복합 사고가 있다는 점을 살펴보았다. 그렇다면 융복합 사고를 잘하기 위해서 어떻게 해야 할까? 그냥 '이제부터 융복합 사고를 해야지.' 하고 마음만 먹으면 되는 것일까? 그렇지 않다. 특정한 사고 작용은 단지 마음먹기에 따라 쉽게 되는 것이 아니다. 사고思考란 어떤 것에 대해서 생각하고 궁리하는 것을 말하는데, 이는 심상心象이나 지식을 사용하는 마음의 작용이다. 마음속에 미리 그린 지도(심상이나 지식)에 따라서 생각의 방향도 어느 정도 정해지는 것이다. 그러므로 이질적인 것을 배척하지 않고 기꺼이 수용하려는 사고 작용은 이미 그 사람의 심상이나 지식 속에 그것을 가능하게 만드는 바탕이 있어야 한다. 즉, 이질적인 것에 배타적이지 않고 차이를 인정하고 다양성을 수용하는 태도가 이미 마음속에 밑그림처럼 그려져 있어야 하는 것이다.

차이를 인정하고 다양성을 수용하는 태도는 무엇을 통해서 만들어질까? 결론부터 말하면, 바로 인문학적 소양이다. '왜 갑자기 고리타분한 인문학을 이야기하는가?' 하고 의아해할지도 모르겠다. 인문학이란 한마디로 '인간에 대해서 연구하는 학문'이다. 인간의 본질과 삶의 의미를 탐구하는 학문이기도 하다. 그런데 모든 인간은 본질적으로 서로 다르다. 지구상에는 약 70억 명의 인간이 살고 있는데, 이들 중에는 나와 동일한 사람이 단 한 명도 없다. 심지어 일란성 쌍둥이조차도 서로 다른 존재다. 따라서 인간에 대해 깊이 이해한 사람, 달리 말하면 인문학에 깊은 조예가 있는 사람은 기본적으로 다른 사람이 나와 '다름'을 인정한다. 즉, 타자와 나의 차이를 인정하고 다양성을 수용하는 태도는 인문학적 소양의 기본 중에서도 기본이라고 할 수 있다.

만약 차이와 다양성을 인정하지 않으면 어떤 일이 생길까? 우선 서로 어울리기 힘들다. 예를 들어보자. 사무실에서 동료들과 회의를 하던 중 식사시간이 되어 중국집에 갔다. 주문을 하려는데 상사가 시간이 없다며 짜장면으로 통일하자고 제안한다. 아무래도 메뉴가 통일이 되면 조리하는 시간이 줄어들 것이다. 그런데 이때 누군가가 "저는 짜장면보다 짬뽕을 먹을래요!" 하고 다른 주장을 했다. 이런 상황에서 당신이 상사라면 어떻게 하겠는가? 크게 두 가지 입장이 존재할 것이다.

[A] (저 친구는 항상 눈치가 없어.) 시간도 없는데 오늘은 그냥 짜장면으로 먹어.

[B] 시간이 촉박하지만 어쩔 수 없군. 그럼, 자네는 짬뽕을 먹어.

물론 그때그때 상황에 따라 선택이 달라질 수 있을 것이다. 논의를 위해 위 상황을 거칠게 일반화해보면, A의 경우는 타자와의 차이를 인정하지 않는 것이고, B의 경우는 타자와의 차이를 인정하고 다양성을 수용하는 태도라고 말할 수 있다. 당사자의 입장에서는 어느 쪽이 만족스러울까? 당연히 B의 경우이다. A의 경우에는 집단의 논리 때문에 어찌되었든 결과적으로 개인의 욕망이 충족되지 못했다. 반면 B의 경우에는 시간이 조금 더 걸렸을지 모르지만 개인의 욕망이 충족된 상태이다. 따라서 A의 경우보다는 B의 경우가 더 인간적이라고 할 수 있다. 달리 말하면 B와 같은 관점과 태도가 보다 '인문적'인 것이다. 이처럼 타자와의 차이를 인정하고 다양성을 수용하는 태도는 개개인의 인간을 존중하는 인문학적 소양이 그 바탕을 이루어야 한다. 당연히 개인의 독특성을 인정하고 존중하는 관계에서는 다른 사람과 함께하는 콜라보가 보다 원활하게 이루어질 수 있다.

다행히 최근 들어 인문학에 대한 관심이 조금씩 높아지고 있다. 여전히 대학에서는 인문학의 위기를 외치고 있지만, 기업을 중심으로 인문학 열풍이 불고 있다. 직원들의 역량 향상을 위한 교육에서도 인문학 강좌를 개설하는 비중이 늘어나고 있으며 신규 직원을 채용하는 과정에서도 지원자의 인문학적 소양을 평가하는 기업들이 늘어나고 있다. 기업들은 왜 인문학에 관심을 두는 것일까? 아마도 인문학이 어떤 형태로든 도움이 되기 때문일 것이다. 달리 표현하면 돈이 되기 때문이다. 인문학이 돈이 될 수 있음을 보여준 사람이 바로 애플의 CEO였던 스티브 잡스다.

실제로 대한민국에서 갑작스럽게 인문학 열풍이 일어난 이유 중에는 스티브 잡스의 영향을 빼놓을 수가 없다. 알다시피 그는 아이팟, 아이폰, 아이패드 등을 연속해서 빅히트를 시키면서 21세기 최고의 창조적 CEO로 평가받고 있다. 그런 스티브 잡스가 사람들이 애플의 성공비결을 묻자, 그 비결이 인문학이었다고 고백한 것이다.

애플이 아이패드와 같은 제품을 창조할 수 있는 것은 우리가 항상 기술과 인문학의 교차점에 있고자 했기 때문입니다.

세계 최고의 혁신제품을 만들어낸 비결이 기술이 아닌 인문학, 좀더 정확하게는 기술과 인문학의 접목 때문이었다는 말은 쉽게 받아들일 수 없는 주장처럼 들린다. 하지만 꼼꼼히 따져보면 이해가 가기도 한다. 아이패드의 경우를 살펴보자. 유사한 태블릿 PC를 만드는 다른 제조사들이 더 빠르고 더 성능이 좋은 제품을 생산하는 데 몰두하고 있을 때, 애플은 사용자인 '사람'에 관심을

애플 CEO 스티브 잡스_ 아이팟, 아이폰, 아이패드 등을 연속해서 빅히트를 시키면서 21세기 최고의 창조적 CEO로 평가받은 스티브 잡스는 애플의 성공비결은 인문학이었다고 밝혔다.

두었다. 어떤 사람들이 그 제품을 사용하는가, 그 제품으로 무엇을 할 수 있는가 등의 본질적인 부분을 고민하였다. 그 결과 전문가가 아닌 일반인들, 심지어 컴맹인 사람조차 몇 번의 조작만으로도 사용법을 이해할 수 있는 손쉬운 컴퓨터가 탄생한 것이다. 실제로 미국에서는 아이패드를 가리켜 "토스트기를 다룰 정도의 사람이면 누구나 사용할 수 컴퓨터"라고 부른다. 한마디로 애플의 성공은 기술이 아닌 인문학의 성공이라고 요약할 수 있겠다.

결국 아무리 첨단기술이 있다 할지라도 그것이 그 자체로 목적이 될 수는 없다. 그것을 사용하는 사람을 위한 수단에 불과하다. 어떠한 첨단기술도 그것이 '인간을 위한' 기술인 경우에만 가치가 있는 것이다. 따라서 모든 기술의 밑바탕에는 인간을 향한 마음, 인간을 위하는 마음이 녹아 있어야 한다. 인문학적 소양이 중요하다는 말이다.

우리나라의 유명한 광고제작자 중 한 사람인 박웅현 씨도 비슷한 이야기를 한 바 있다. 그는 자신의 저서 《인문학으로 광고하다》에서 "광고라는 도구를 통해 소통하는 방법을 찾을 때 창의력이 필요한 거고, 그 창의력을 위해서는 인문학적 소양이 중요합니다."라는 말로 인문학적 소양의 중요성을 역설했다. 좋은 광고를 만드는 데 필요한 창의력의 가장 큰 원천이 인문학이라고 말하고 있는 것이다. 그래서일까? 유독 그가 만든 광고는 사람들에게 오랜 시간 동안 기억되는 광고가 많다.

> 그녀의 자전거가 내 가슴속으로 들어왔다.
> 넥타이와 청바지는 평등하다.
> 진심이 짓는다.
> 우리는 모두 누군가의 영웅입니다.

위의 예에서 보듯이 그가 만든 광고의 독특함은 바로 '사람 냄새'가 진하게 배어 있다는 데 있다. 광고에서 사람 냄새가 나게 만들어서 감성을 자극하는 것이다. 그러한 능력의 원천이 바로 그가 주장하듯이 인문학적 소양인 것이다. 이처럼 인문학적 소양은 인간에 대한 깊은 이해를 바탕으로 인간을 향한 따뜻한 시선을 갖게 만든다. 그리고 그러한 인간에 대한 깊은 이해는 타자와의 차이를 인정하고 다양성을 수용하는 태도를 갖게 만들고, 자연스럽게 융복합 사고를 촉진한다. 다른 사람이 본질적으로 나와는 다르다는 사실을 기본적으로 전제하면 자신과 다른 타자와의 만남을 어색함이나 불편함으로 해석하지 않는다. 다른 사람이 나와 다른 것은 당연하다고 여기고, 더 나아가 애정을 담아 호기심 어린 눈으로 상대와 관계를 하게 된다. 이렇게 되면 상대방과의 융화는 자연스럽게 이루어질 수밖에 없는 것이다.

콜라보가 어려운 이유

❖ **콜라보가 성공의 보증수표(?)**

앞서 우리는 콜라보를 통해 새로운 가치나 성과를 만들어내는 예를 다양하게 살펴보았다. 이렇게 콜라보를 통한 여러 성공사례를 탐색하다 보면 콜라보는 언제나 긍정적인 결과를 가져오며, 콜라보가 성과를 만들어내는 최선의 방법인 것처럼 여겨지기도 한다. 마치 '뭉쳐야 살고 흩어지면 죽는다'는 명제가 당위인 것처럼 생각되는 것이다. 하지만 이러한 가정은 언제나 타당한 것일까? 달리 말하면, 협업이 오히려 부정적인 결과를 가져오는 경우는 없을까?

이런 의문은 이렇게 질문을 바꾸어 물어볼 수도 있다. 모든 콜라보가 새로운 가치를 만들어내는 것일까? 결론부터 말하면 결코 그렇지만은 않다. 때로는 기대와 달리 역효과가 나는 경우도 있다. 협업을 했으나 시너지가 아닌 부정적인 결과를 만들어, 차라리 콜라보를 시도하지 않는 편이 더 나은 경우도 있다. 이처럼 잘못된 콜라보를 통해 오히려 부정적인 결과를 초래했던 사례를 한번 살펴보자.

앞서 애플이 아이팟을 앞세워 음악산업의 절대 강자였던 일본의 소니를 왕좌에서 내려오게 만들었다는 이야기를 기억하고 있을 것이다. 수십 년간 지켜왔던 왕좌에서 내려온 소니는 그런 현실을 받아들이고 체념하고만 있었을까? 그렇지 않다. 다시 한 번 정상의 자리에 오르기 위해서 반격을 시도했다.

소니는 애플의 아이팟에 대항하기 위하여 여러 부문을 엮어서 시너지를 창출할 요량으로 '커넥트Connect'라 불리는 새로운 사업을 시작하였고, 이를 실행할 책임자로 하워드 스트링어Howard Stringer를 내세웠다. 총책임을 맡은 스트링어는 소니의 각 부문을 연결하느라 분주하게 움직였다. 하지만 그러한 노력에도 불구하고 소니는 각 부문의 역량을 하나로 모아서 시너지를 만드는 데 실패하고 말았다. 왜냐하면 스트링어의 계획에는 소니의 다양한 부문들 간의 협업 문화라는 핵심 촉매제가 빠져 있었기 때문이다.

소니의 실패에 대해서 《월스트리트 저널》의 저명한 분석가는 다음과 같이 평가했다.

과거 소니의 성공신화는 사내 엔지니어들이 서로 협업하기보다는 경쟁하도록 부추기는 치열한 경쟁 문화에서 나왔다. 즉, 지금까지 소니는 각 부문이 독자적으로 히트 상품을 개발하려는 경쟁 문화를 체질화해 왔다. 이러한 경쟁 문화는 소니의 성공 요소가 되기도 했다. 실제로 워크맨과 플레이스테이션 게임기의 경우도 사내 경쟁의 산물이었다.

하지만 '커넥트' 개발 프로젝트에서는 경쟁 문화보다는 협업 문화가 필요했다. 이 프로젝트에는 도쿄의 개인 컴퓨터 부문, 워크맨을 담당하는 휴대용 오디오 부문, 플래시 메모리형 플레이어 개발팀, 미국의 소니뮤직, 일본의 소니뮤직 등 5개 부문의 협업이 필요했던 것이다. 하지만 소니는 지금까지 경쟁 문화를 체질화해 온 터라 서로 다른 부문을 유기적으로 한데 묶어내는 협업에는 실패하고 말았다. 결국 소니의 커넥트 프로젝트 실패는 기술의 실패가 아니라 협업의 실패인 셈이다.

(자료: 《협업》, 모튼 T. 한센)

소니의 사례를 보면 콜라보가 무조건 성과로 연결되는 것은 아니라는 사실을 깨닫게 된다. 콜라보 과정에서 중요하게 고려해야 할 점이 너무 많기 때문이다. 콜라보를 하느냐 마느냐의 의사결정보다는 어떻게 콜라보를 추진하느냐 하는 점이 더욱 중요한 관건이 될 수 있다.

이와 같이 콜라보의 결과가 긍정적인 성과로 이어졌는지의 여부에 따라 콜라보는 우리에게 두 가지 얼굴로 다가온다. 먼저 긍정적인 결과로 이어진 콜라보를 '창조적 콜라보'라고 한다면, 부정적인 결과로 이어진 경우를 '파괴적 콜라보'라고 부를 수 있겠다. 창조적 콜라보가 콜라보를 통해서 시너지를 창출한다면, 파괴적 콜라보는 새로운 콜라보를 시도하였지만 오히려 부정적인 결과를 초래하는 경우이다.

왜 이러한 차이가 발생할까? 우선 협업에 참여한 구성원들의 목표의식이나 업무 태도의 차이를 들 수 있다. 창조적 콜라보에서는 구성원들이 개인이나 부문의 이익보다는 공동의 목표에 초점을 맞춘다. 그렇기 때문에 업무에 임하는 태도도 서로 협력하고 존중하며, 상대방을 배려하려는 마음 자세로 일을 한다. 이러한 목표의식과 업무 태도는 자연스레 우호적인 상호작용을 유발하고 이는 긍정적인 결과로 이어지는 것이다.

이에 반해 파괴적 콜라보에서는 구성원들이 공동의 목표보다는 자기 부문의 목표에만 매달린다. 따라서 업무에 임하는 태도도 창조적 콜라보의 경우와는 판이하다. 일단 개인 또는 부문 이기주의가 팽배하다. 또 서로 상대방을 협력관계가 아니라 경쟁관계로 인식하여, 상대를 존중하고 배려하기보다는 배타적이며 소모적 경쟁을 하기도 한다. 이러한 업무 태도는 상호 갈등을 증폭시키고 서로의 관계를 파괴함으로써, 심한 경우 공멸의 길로 나아가기도 한다. 상

황이 이렇다면 차라리 콜라보 자체를 시도하지 않는 편이 더 나을
수 있다.

〈콜라보의 두 얼굴〉

구분	창조적 콜라보	파괴적 콜라보
개념	새로운 협업을 통해서 시너지를 만들어냄	새로운 협업을 시도하였지만 오히려 역 시너지가 남
목표의식	공동의 목표를 지향	자기 부문의 목표에만 몰입
태도	협력, 존중, 배려	부문 이기주의, 경쟁, 배타적
결과	새로운 가치 창출, 시너지	갈등과 파괴, 공멸, 역 시너지

❖ 콜라보를 가로막는 장애물 – 사일로 현상

소니의 커넥트 프로젝트 예에서도 보았듯이 당초에는 창조적 콜
라보를 기대했으나 결과는 실패로 끝나는 경우가 종종 발생한다. 파
괴적 콜라보로 진행된 탓이다. 그 이유는 앞서 약술했듯이 콜라보
를 수행하는 주체의 목표의식이나 업무 태도가 긍정적인 상호작용
을 방해하는 쪽으로 작용했기 때문이다. 그렇다면 콜라보를 방해하
는 요인들은 왜 생겨난 것일까? 달리 말하면, 창조적 콜라보를 가로
막는 장애물은 무엇일까?
    이러한 의문에 대한 답은 소니의 커넥트 프로젝트 총책임자였던

스트링어의 말에서 그 힌트를 찾을 수 있다. 그는 커넥트 프로젝트 추진 과정에서 자신이 겪었던 어려움을 다음과 같이 회고했다.

사일로silo가 너무 많아 소통이 불가능했다.

스트링어는 자신들이 콜라보에 실패한 주요인으로 사일로 현상 Organizational silo effect을 꼽았다. 사일로 현상이란 조직의 부서들이 다른 부서와는 소통하지 않고 내부의 이익만을 추구하는 부서 간 이기주의가 발생하는 현상을 가리키는 용어이다. 원래 사일로는 곡식이나 사료를 저장해두는 굴뚝 모양의 창고를 가리키는 말이다. 곡식이나 사료를 다른 사람과 나누지 않고 쌓아두어 혼자만 잘살려는 것에 빗대어 '회사 안에 성이나 담을 쌓은 채 다른 부서와 소통하지 않고 스스로의 이익만 좇으면서 따로 놀아 폐해를 끼치는 부서나 부문'을 뜻하는 말이다.

소니의 커넥트 프로젝트가 뛰어난 요소기술을 가진 부문들의 결합에도 불구하고 실패했던 가장 큰 요인은 총책임자였던 스트링어가 회고했듯이 사일로 현상 때문이라고 할 수 있다. 그동안 독자적으로 히트 상품을 만드는 문화에 익숙했던 각 주체들이 공동의 목표를 추구하는 콜라보 과정에서는 사일로 현상 때문에 서로 협력하고 소통하는 데 어려움을 겪었고, 결국 콜라보에 실패하고 만 것이다. 따라서 콜라보를 추진하려는 사람이라면 콜라보 과정에서 발생할 수 있는 이와 같은 사일로 현상을 사전에 면밀히 따져봐야 한다.

사일로 현상은 왜 발생할까? 원래부터 콜라보를 잘 추진하는 사람과 그렇지 못한 사람이 구분되는 것일까? 사일로 현상의 이유를 개인의 이기주의 성향으로 치부하는 일은 타당하지도 합리적이지도 않다. 그것보다는 좀 더 근본적인 것에서 원인을 찾아야 한다. 일반적으로 조직에서 발생하는 사일로 현상은 주로 조직구조나 문화, 인센티브 시스템 등에 기인하는 경우가 많다.

소니의 커넥트 프로젝트가 콜라보에 실패한 이유를 찬찬히 살펴보면, 사일로 현상이 주로 지나친 성과주의의 결과로 나타났음을 알 수 있다. 기존에 경쟁 중심의 문화를 체질화해 왔던 소니로서는 어쩌면 당연한 귀결이었는지도 모른다. 성과주의의 심화로 부문 간 경쟁이 과열되면 주로 기업 내에서 수익률이 높은 부서가 희생을 기피하고 타 사업부와 협력하지 않으려는 모습을 보이는 경우가 많다. 자기가 최고이며, 자기가 노력해서 만든 성과를 타 부문과 나누는 것을 배 아파한다. 이러한 상태는 사일로 현상으로 이어져서, 조직 내 소통이 어려워지고 서서히 조직의 에너지가 분산된다. 결국 조직의 성과에 악영향을 미치고 조직을 병들게 만든다.

다음 그림에서 보는 것처럼 소니는 각 사업부마다 독립된 개별 성

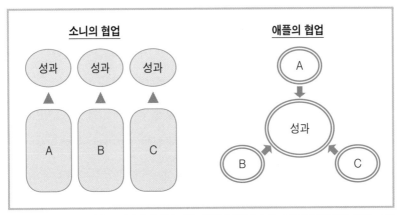

〈소니와 애플의 협업 형태〉

(자료: 〈성과를 창출하는 협업이 '협업'이다〉, POSRI 보고서, 2013. 12)

과목표가 할당되어 있다. 이런 상황에서는 당연히 자기 사업부의 성과에 몰두하게 된다. 그 결과 다른 사업부의 성과 달성 여부나 공동의 목표에는 관심을 갖기 어렵다. 반면 애플의 경우에는 각 부문에 공동의 성과목표가 주어졌다. 따라서 각 부문의 주체들은 어떻게 하면 공동의 목표를 달성할 수 있을지 함께 고민하고 협력하게 된다. 결국 지나친 성과주의는 협력보다는 경쟁을 낳고, 이는 자기(부문) 이익만을 추구하는 사일로 현상으로 이어지게 된다.

사일로 현상을 일으키는 또 다른 요인으로 적대적 조직문화를 꼽을 수 있다. 합병 기업에서 인수 회사의 소속 직원과 피인수 기업의 소속 직원 사이에는 조직문화가 적대적인 경우가 많다. 같은 기업에

속하더라도 기존 사업을 하던 직원과 신규 사업을 시작하는 직원들 사이에는 적대적인 관계가 형성되는 경우가 있다. 이처럼 조직문화가 상호 적대적인 관계로 형성된 경우라면 아무래도 서로 간의 입장과 관심이 달라지고 이는 사일로 현상으로 이어진다.

또 다른 요인으로 구성원 간의 이질성을 들 수 있다. 구성원 간의 이질성이 강할수록 사일로 현상은 심해진다. 콜라보 주체 간의 성별, 나이, 학력, 직급, 직책, 역할, 근무지, 지위(정규직 여부) 등의 차이가 매우 크면 사일로 현상이 발생하기 쉽다. 함께 일은 하지만 각자의 위치나 입장이 달라서 소통에 어려움을 겪는 경우다. 최근 들어 글로벌화가 진행되면서 여러 국가와 민족이 하나의 작업장에서 함께 일을 하는 경우가 많은데, 이러한 국가와 민족의 이질성도 사일로 현상의 주요 원인이 되기도 한다.

마지막으로 콜라보를 저해하는 조직구조나 인센티브 시스템 등도 사일로 현상을 불러일으킬 수 있다. 예를 들어, 특정한 목적을 위한 TFT^{Task Force Team}를 통해 콜라보를 추진하는데 기존 부서의 업무를 여전히 부담하고 있다든지, 또는 인사평가를 기존 부서장에게 받는다든지 하는 경우라면 아무래도 새로 맡은 콜라보 업무에 충실하기가 어렵다. 기존 업무에 더 우선순위를 두거나 기존 부서장의 눈치를 볼 수밖에 없기 때문이다. 이는 결국 콜라보 추진 팀의 사일로 현상으로 이어질 수 있다.

지금까지 우리는 협업을 방해하는 **사일로 현상이 발생하는 주요 요인**들을 살펴보았다. 요약하면 대략 아래와 같다.

- 지나친 성과주의
- 적대적 조직문화
- 구성원 간의 이질성
- 협업을 저해하는 조직구조나 인센티브 시스템

콜라보를 추진하려고 준비하는 사람이라면 사전에 사일로 현상을 일으킬 만한 요인이 어떤 것이 있을지 면밀히 살핀 뒤, 그것에 대비하고 예방할 수 있는 방안을 강구하는 일이 무엇보다 중요하다.

팝의 황제 마이클 잭슨

현재까지 가장 많이 팔린 음반은 누구의 것일까? 이러한 질문에 비틀스, 이글스, 사이먼과 가펑클, 엘튼 존, 스콜피언스 등 여러 팝가수가 떠오르겠지만 가장 많은 음반 판매기록을 가진 사람은 마이클 잭슨이다. 마이클 잭슨은 지금까지 수많은 음반을 발매했는데, 그중 가장 많이 팔린 음반은 1982년에 발표한 〈스릴러〉라는 음반으로 무려 1억 400만 장이 팔렸다고 한다. 이러한 판매고는 《기네스북》에 등재되었을 정도로 독보적 1위 자리를 지키고 있으며, 전문가들은 아마 앞으로도 그 기록은 좀처럼 깨지기 어려울 것이라고 말할 정도다. 이것이 그를 '팝의 황제'라고 불러도 누구도 이견을 달 수 없는 이유 중 하나일 것이다.

그러나 마이클 잭슨이 팝의 황제라고 불리는 이유는 단지 앨범이 많이 팔렸기 때문만은 아니다. 그의 음악 스타일이 팝의 전형이 되었고, 그의 끊임없는 새로운 시도와 실험정신이 동시대뿐 아니라 후대의 음악인들에게도 많은 영향을 주었기 때문이다. 부인할 수 없는 사실은 팝의 역사는 잭슨에 의해 시작되었고, 잭슨이 행한 모든 업적이 기록으로, 전설로 자리 잡게 되었다는 점이다. 그렇다면 마이클 잭슨이 이처럼 위대한 업적을 이룰 수 있었던 힘은 어디에서 나왔을까?

마이클 잭슨도 처음에는 흑인음악인 R&B를 부르면서 가수 활동을 시작했다. 5세 때 팝계에 등장한 잭슨은 보컬 그룹 '잭슨 파이브'와 '잭슨스'에서 전형적인 흑인 솔 가수로 활동했다. 그러나 로큰롤과 백인음악이 주류를 이루던 시절, 흑인음악은 결코 주류가 될 수 없었다. 하지만 마이클 잭슨은 솔 음악에 머무르지 않았다. 그는 제작자 퀸시 존스와 함께 펑크와 디스코 팝, 솔, 소프트 록을 결합해 새로운 장르를 만들어내기 시작했다. 흑인음악에서 탈피하여 백인음악과 어우러질 수 있는 크로스오버의 기초를 확립했고, 그러한 음악으로 인종과 성별을 초월하여 전 세계 모든 이들로부터 사랑을 받았다.

천재 음악가인 잭슨은 음반작업에서도 자신의 천재성에만 기대지 않았다. 음반작업에서는 각 분야 최고의 세션을 참여시키는 콜라보레이션을 적극적으로 시도했다. 유명한 〈비트 잇(Beat It)〉은 헤비메탈 기타리스트 밴 헤일런이 기타 세션을 맡은 곡이고, 〈걸 이즈 마인

팝의 황제 마이클 잭슨_ 그의 새로운 시도와 실험정신은 동시대뿐 아니라 후대의 음악인들에게도 많은 영감을 주었다.

(The Girl is mine)〉은 잭슨이 비틀스의 멤버인 폴 매카트니와 듀엣으로 부른 곡이다.

그는 또 음악을 단순히 듣는 매체로 국한하지 않았다. 영상매체와 결합함으로써 뮤직비디오라는 새로운 장르를 개척했다. 당시에는 음악을 홍보하는 수단으로 일부에서 짧은 뮤직비디오를 제작하기도 했는데, 그는 뮤직비디오 그 자체를 예술로 승화시켰다. 뮤직비디오 〈스릴러〉를 35mm 카메라로 무려 14분이나 촬영하여 미니영화 수준으로 제작함으로써 지금까지의 뮤직비디오 개념을 완전히 바꾸어버렸다. 그의 창조적 결합은 공연에서도 다양하게 시도되었다. 화려한 의상, 현란한 댄스, 첨단 무대장치, 다양한 퍼포먼스 등을 결합하여 팝 공연을 오페라나 뮤지컬 수준으로 격상시켰다.

이처럼 마이클 잭슨은 작사, 작곡, 프로듀싱, 의상, 안무, 퍼포먼스, 영상 등 여러 가지 창조적 시도를 통해 새로운 음악세계를 펼쳤던, 전례를 찾아보기 힘든 음악 천재였다. 1993년 그래미상 시상식에서 35세라는 최연소 나이로 '살아 있는 전설 상'을 수상하기도 했다. 그러나 그가 타고난 재능만으로 전설이 될 수 있었던 것은 아니다. 끊임없이 새로움을 추구하였고, 그 새로움을 위해 노력하는 천재였다. 잭슨의 영결식에서 그와 친했던 동료들은 "곡 하나를 완성하기 전까지의 과정이 무척 험난했고 최고의 음악을 만들기 위해 1년을 투자하는 뮤지션"이었다고 전한다.

　무엇이 타고난 음악 천재였던 마이클 잭슨을 음악 천재를 넘어 '살아 있는 전설'로 만들었을까? 잭슨의 탁월성은 천재성만이 아니다. 우리가 주목해야 할 점은 그의 콜라보 능력이다. 팝음악에 댄스를 접목하고, 음악과 영상 장르를 융합하며, 흑인음악과 백인음악의 크로스오버를 통해 자신만의 음악세계를 창조해내려는 이종교배 역량이 그를 전설로 탈바꿈시킨 것이다. 타고난 천재였던 그가 다양한 뮤지션들과의 콜라보를 시도했다는 점도 간과할 수 없다. 그는 고독한 천재가 아니라 끊임없이 콜라보를 시도하는 개방형 천재였다. 그러기에 그의 다양한 음악적 시도는 여전히 수많은 음악가들에게 귀감이 되고 있으며, 다수의 창조적 예술가들에게 탁월한 영감을 주고 있다.

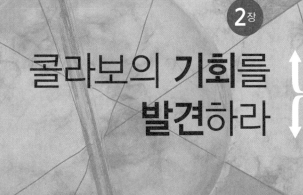

2장

콜라보의 기회를
발견하라

근 〈K팝스타〉나 〈슈퍼스타K〉 등 가수를 뽑는 오디션 프로그램을 보면 본선 진출자를 대상으로 실시하는 다양한 테스트 중 항상 빠지지 않는 것이 있다. 바로 콜라보레이션이다. 두세 개의 팀이 하나의 작품을 만들어 경연을 하는 것인데, 이를 통해 참가자 개개인이 가진 음악성과 잠재능력을 확인한다. 재미난 점은 콜라보레이션을 진행할 때 비슷한 색깔을 가진 참가자끼리는 팀으로 묶어주지 않고, 서로 색깔이 다른 참가자들끼리 팀을 만든다는 것이다. 가령 발라드 가수와 댄스 가수, 그룹과 개인, 록 가수와 래퍼 등 성향이 서로 다른 사람끼리 팀으로 묶어준다.

왜 그렇게 할까? 그 이유는 성향이 다른 사람끼리 모여야 볼거리가 더 많아지기 때문이다. 비슷한 사람들끼리 묶어봐야 전과 별반 달라질 게 없다. 이질적인 사람들끼리 모여야 전과는 다른 새로운 시도를 많이 하게 된다. 그래야 재미있는 장면도 많이 나오고, 또 각자의 개성과 잠재력이 더 잘 드러나기 때문이다. 결국 오디션 프로그램에서 콜라보레이션을 시도하는 이유는 성향이 다른 참가자끼리 뭉쳐서 기존과는 전혀 다른 새로움을 창조해내기를 기대하기 때문이다. 동일성보다는 차이와 다양성이 새로움을 창조하는 데 훨씬 효과적이다.

비단 오디션 프로그램만이 아니다. 요즘에는 기성 가수들 사이에서도 콜라보레이션이 유행처럼 번지고 있다. 발라드, 로큰롤, 힙합, R&B, 트로트 등 다양한 장르의 가수들이 공동 작업을 통해 만든 앨범이 연일 쏟아지고 있다. 2005년에 버클리 음대 출신의 힙합가수인 조피디와 솔로가수인 인순이가 함께 불러 화제가 되었던 〈친구여〉라는 노래를 필두로 백지영과 택연의 〈내 귀에 캔디〉, 소유와 정기고의 〈썸〉 등의 히트가 이어지면서 콜라보레이션 열풍은 가요계를 한층 풍성하게 만드는 원동력이 되고 있다. 단순한 공동앨범을 내는 수준을 넘어 기존에 없던 새로운 음악을 만들어낸다는 측면에서 이 또한 창조적 콜라보의 일종이라고 할 수 있다.

하지만 앞서 살펴보았듯이 콜라보를 한다고 해서 모두 창조적인 성과로 이어지는 것은 아니다. 오히려 콜라보가 성과 창출에 방해가 되거나, 콜라보의 과정을 효과적으로 관리하지 못하면 파괴적인 콜라보의 결과로 이어질 수도 있다. 그렇다면 창조적 성과를 만들어내는 콜라보는 어떤 과정을 통해서 이루어질까? 물론 모든 콜라보가 동일한 프로세스로 이루어지는 것은 아니다. 하지만 콜라보가 이루어지는 일반적인 프로세스는 있다. 아래 그림과 같이 3단계로 구분해볼 수 있다.

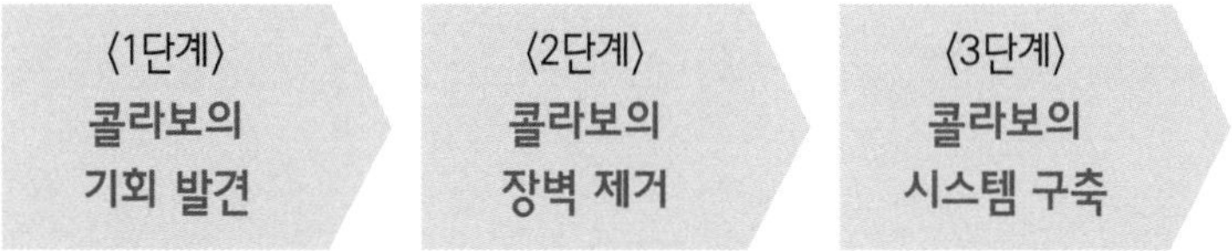

〈1단계〉
**콜라보의
기회 발견**

〈2단계〉
**콜라보의
장벽 제거**

〈3단계〉
**콜라보의
시스템 구축**

먼저 창조적 성과를 만들어낼 수 있는 콜라보의 기회를 발견해야 한다. 아무리 좋은 기회가 있더라도 주체가 그것을 알아채지 못한다면 아무런 변화도 없이 기존에 하던 일만을 계획하게 될 것이다. 이를 위해서는 좋은 기회를 놓치지 않는 센스와 옥석을 가릴 수 있는 안목이 필요하다.

좋은 콜라보의 기회를 발견했다면, 다음으로는 콜라보를 진행하는 과정에서 나타날 수 있는 장벽을 찾아내고 이를 효과적으로 제거해야 한다. 아무리 좋은 콜라보의 기회라도 이질적인 사람들이 모여서 새로운 시도를 하는 것인 만큼 생각지도 못한 장벽에 자주 부딪히게 되는데, 콜라보를 진행하는 주체들은 이러한 장벽을 잘 포착하고 이를 효과적으로 제거할 수 있어야 한다. 마지막으로 콜라보가 원활히 이루어지기 위한 콜라보 시스템을 잘 구축해야 한다. 이를 위해서는 공동의 목표를 설정하고 역할과 책임을 명확히 한 후 협력이 이루어질 수 있는 문화를 구축하는 것이 절대적으로 중요하다.

이번 장에서는 창조적인 성과를 만들어내는 콜라보의 과정 중에서 가장 먼저 해야 할, '콜라보의 기회 발견'에 대해서 살펴보자.

콜라보의 기회는
'열린 사고'에서 발견된다

❖ **열린 사고와 닫힌 사고**

2004년 어느 날 한국의 모 전자회사 회의실. 청색 양복을 잘 차려입은 20여 명의 중역들 앞에서 청바지 차림의 청년 두 명이 자신들의 아이디어를 설명했다. 자신들이 개발한 새로운 모바일 OS를 소개하는 자리였다. 결과는 실패. 그들은 바라던 바를 얻지 못한 채 회의실을 빠져나와야 했다. 자신들의 아이디어가 보기 좋게 거절당했기 때문이다.

그들은 다시 인터넷 기업인 구글^{Google}로 발길을 돌렸고, 그곳에서는 환대를 받았다. 결국 그들은 자신들의 아이디어와 회사를 구글에 매각했는데, 이때 제안했던 아이디어가 바로 '안드로이드 OS'였다. 그 후 안드로이드 OS는 구글의 핵심 전략이 되어 이제는 아이폰의 시장점유율을 능가하는 최고의 모바일 OS로 등극했다. 만약 그

때 그들이 처음 찾았던 회사에서 환대를 받았더라면 아마도 모바일 OS 시장의 판도는 지금과는 사뭇 달라졌을 것이다.

세상사가 모두 그러하듯 아무리 좋은 기회가 주어졌더라도 그것의 가치를 발견하지 못하면 좋은 결과로 이어질 수가 없다. 대단한 콜라보의 기회가 왔다 하더라도 그것의 진정한 가치를 이해하지 못한다면 기회를 놓치게 되고, 나중에 땅을 치고 후회할 일을 남길 수도 있다. 결과적으로 구글은 안드로이드라는 새로운 비즈니스 기회를 잘 잡은 반면, 먼저 기회가 주어졌던 한국의 전자회사는 그 기회를 그냥 지나쳐버린 셈이다. 한마디로 자신들에게 먼저 천금 같은 기회가 주어졌음에도 한국의 전자회사는 그 기회를 살리지 못했다. 그들은 왜 중요한 비즈니스 기회를 놓친 것일까? 그 당시 한국을 찾았던 앤디 루빈은 지금은 구글의 안드로이드 담당 수석부사장으로 일하고 있다. 앤디 루빈이 그때를 회상한 기록을 보면 대충이나마 그 내막을 알 수 있다. 다음은 안드로이드의 아버지라 불리는 앤디 루빈Andy Rubin이 2004년 한국의 한 전자회사 본사를 방문한 일화다.

2004년 루빈은 통신사들에게 그의 아이디어를 설명하며 설득에 나섰다(앤디 루빈은 모바일 OS를 개발해 모바일업계에 공짜로 공급하겠다는 아이디어로 안드로이드를 창업했다). 그리고 그는 다른 휴대폰 제조업체들에게도 아이디어를 팔기 위해 극동지역을 방문했다.

공짜로 OS를 제공하겠다는 것이었지만 쉬운 일은 아니었다. 모바일업계는 이미 수익성이 좋은 비즈니스 모델을 가지고 있었고 그래서 혁신적이며 파괴적인 새로운 모델을 고려하는 것 자체를 싫어하는 상황이었다. 그는 특히 ○○사에 그의 아이디어를 제안하기 위해 한국에 '자기 돈으로' 방문했던 일을 선명하게 기억하고 있다.

그와 그의 동료 두 명은 거대한 회의실에 들어갔다. 벽을 따라서 청색 양복을 잘 차려입은 약 20명의 중역들이 도열해 있었다(그때 루빈은 청바지를 입고 있었다). 본부장Division head이 도착하자마자 마치 각본에 있는 것처럼 모두 다 자리에 앉았다. 루빈이 프레젠테이션을 마치자 본부장은 크게 웃음을 터뜨리며 이렇게 말했다.

"당신 회사에는 8명이 일하고 있구만. 그런데 나는 (당신 OS만큼) 대단치도 않은 것에 2000명을 투입하고 있다오."

이것은 칭찬이 아니었다.

(자료: 《In the Plex》, 스티븐 레비)

한국의 전자회사가 안드로이드의 진정한 가치를 발견하지 못한 이유는 사고가 닫혀 있었기 때문이다. 겨우 8명이 일하는 조그마한 회사에서 만들어진 결과물이 얼마나 대단하겠는가 하는 닫힌 생각 때문에 안드로이드의 본질을 보지 못한 것이다. 닫힌 사고는 본질을 제대로 파악하지 못하게 함으로써 진정한 가치평가를 불가능하게 만든다. 생각이 닫히면 눈도 어두워진다.

사고가 닫혀 있는 사람 앞에는 모든 사물과 생각이 미래에 대한 가능성이 닫힌 채 존재한다. 가령 학교 성적이 좋지 않아 못마땅해하던 차에 아들이 아버지에게 질문을 했다.

"아빠, 과학자가 되려면 어떻게 해야 하나요?"

아들의 물음에 아버지가 대답했다.

"너같이 수학도 못하는 녀석은 절대 과학자가 될 수 없어!"

아빠는 왜 아들의 질문에 부정적 의견을 단호하게 내뱉는가? 그 이유는 아들의 가능성을 믿지 않기 때문이다. 아버지의 생각 속에는 현재 학교 성적이 좋지 못하면 미래에도 과학자가 될 가능성이 없다는 논리가 지배하고 있는 것이다.

아버지의 입장을 전혀 이해할 수 없는 것은 아니지만, 이것은 분명 닫힌 사고의 결과다. 결코 옳은 판단도 아니며 현명한 생각은 더더욱 아니다. 아들의 성적이 미래에도 좋아지지 않는다고 단언할 수 없기도 하거니와, 아들에게 미래에는 더 나아질 수 있다는 가능성을 열어두는 편이 학교 성적을 올리는 데도 유리하기 때문이다. 만약 과학자가 되기 위해서는 수학공부를 열심히 해야 한다고 말해준다면, 그것 때문에 아들이 공부에 매진할 수도 있지 않을까? 여기서 눈여겨봐야 할 포인트는 아버지의 닫힌 사고 때문에 아들이 공부에 매진할 수 있는 기회를 놓쳤다는 점이다.

영국의 수상이었던 윈스턴 처칠은 다음과 같은 말을 했다.

비관주의자는 기회 속에서도 위험을 보고, 낙관주의자는 위기 속에서도 기회를 본다.

이 말은 비관주의자와 낙관주의자가 세상을 바라보는 시각이 다름을 뜻하는 문구이기도 하겠지만, 한편으로는 생각에 따라 현실을 해석하고 평가하는 것이 달라진다는 뜻이기도 하다. 비관주의자는 왜 기회 속에서도 위험을 볼까? 그것은 생각이 닫혀 있기 때문이다. 그렇다면 낙관주의자는 왜 위기 속에서도 기회를 볼까? 생각이 열려 있기 때문이다. 열린 사고를 통해 미래의 가능성을 보았기 때문에 기회라고 인식하는 것이다. 요컨대 열린 사고가 있어야 새로운 기회의 포착이 가능해진다.

❖ 열린 사고에서 융복합 사고로

콜라보는 누구나, 그리고 아무 때나 이룰 수 있는 것은 아니다. 콜라보를 만들어낼 능력을 갖춘 사람이 그 기회를 잘 발견해야 한다. 여기서 콜라보를 만들어낼 능력이란 어떤 역량을 의미하는 것일까? 그것은 열린 사고를 바탕으로 융복합 사고를 할 수 있는 역량을 의미한다. 사고가 경직되어 있거나 자기 부문을 벗어나려 하지 않는 사람은 창조적 콜라보의 기회가 주어지더라도 그 기회를 살리지 못할 것이다. 그렇다면 열린 사고와 융복합 사고 중에서는 무엇이 더 먼저일까? 바로 열린 사고다. 열린 사고가 있어야 융복합 사고가 가능하기 때문이다. 이를 도식화하면 이렇다.

〈콜라보에 필요한 역량〉

열린 사고가 있어야 융복합 사고가 가능하고, 융복합 사고는 창조적 콜라보의 기회로 이어진다. 열린 사고를 한다는 것은 미래에 대한 가능성을 열어두고, 이를 낙관적으로 해석한다는 말이기도 하다. 불확실한 미래를 낙관적으로 생각할 수 있어야 활용할 수 있는 기회를 포착할 수가 있다. 나아가 열린 사고는 자신의 경계를 벗어나 다른 이질적인 요소들과의 융복합 사고를 가능하게 하고, 그래야만 창조적 콜라보의 기회가 만들어지는 것이다. 팝아트로 유명한 화가인 로이 리히텐슈타인Roy Lichtenstein도 열린 사고를 바탕으로 회화와 만화를 융합하여 새로운 창조적 결과물을 만들어냈다.

리히텐슈타인, 만화에서 영감을 얻다

2005년 크리스티 경매에서 무려 160억 원에 낙찰된 〈차 안에서〉라는 작품이 있다. 그림은 달리는 차 안에 남녀가 압축적으로 배치되어 있고, 남자는 희미한 미소를 띤 반면 여자는 기분이 좋지 않은 듯 무덤덤한 표정을 하고 있다. 팽팽한 긴장감이 엿보이는 그림이다. 단순해 보이는 평면 구성이지만 남녀의 표정과 자동차의 속도감이 관객으로 하여금 상상의 나래를 펼치게 만든다.

얼핏 만화 속 한 장면과 같은 이 그림은 미국 팝아트의 대가인 로이 리히텐슈타인의 회화 작품이다. 그는 1960년대 미국의 대중사회를 적절하게 표현하는 수단으로 '만화'를 선택했다. 왜 하필 만화일까? 그것은 그가 아들의 조언을 열린 마음으로 받아들였기 때문이다. 단숨에 사람들의 눈길을 끌 수 있는 자극적인 그림을 그리고 싶었던 리히텐슈타인의 눈에는 세계적인 명화도 혁신적인 기법도 모두 진부하고 식상하게 느껴졌다. 그러던 중 미키마우스를 좋아하는 아들의 한마디가 그의 귀를 사로잡았다.

"아빠는 이 만화처럼 잘 그리지는 못할 거예요!"

그 말에 자극을 받은 그는 만화를 소재로 하여 그림을 그렸고, 그가 그린 그림을 보고 기뻐서 어쩔 줄 몰라 하는 아들을 보면서, 만화가 미국인들에게 얼마나 커다란 영향을 미치는지 깨닫게 되었다.

이후에 그는 만화의 이미지를 그리면서 최고의 팝아티스트 반열에 오르게 되었다. 이는 기존 회화에 만화의 이미지를 차용하여 새로운 장르를 개척했기 때문에 가능한 일이었다. 회화와 만화의 조합, 서로 다른 이질적인 분야의 융합을 통해 새로운 가치를 창조한 리히텐슈타인도 콜라보의 달인인 셈이다. 그가 뛰어난 점은 일상 속에서 아들의 조언을 열린 마음으로 받아들였다는 데 있다. 창조적 기회를 잘 발견한 것이다. 만약 그가 아들의 말을 어린아이의 치기 어린 투정이라고 치부해버렸다면 지금의 성공은 없었을지도 모른다. 이처럼 창조적 콜라보의 기회도 새로운 것에 대한 열린 사고가 있어야 가능한 법이다.

다시 한 번 정리해보면, 콜라보를 통해 시너지를 창출하려면 가장 먼저 창조적 콜라보의 기회를 잘 포착해야 한다. 이를 위해서는 열린 사고가 필요하다. 열린 사고가 이질적인 요소와의 융복합을 가능하게 만들고, 이는 또 창조적 콜라보의 기회로 이어진다. 하지만 이러한 과정은 단선적인 흐름이 아니다. 가능성이 곧 기회는 아니기 때문이다. 콜라보의 가능성이 구체적인 기회와 실행으로 이어지기 위해서는 이를 평가하는 절차가 필요하다. 이질적인 요소와의 결합이 새로운 가치를 만들어낼 수 있는지 검토하는 과정이 선행되어야 한다. 이를 위해서는 콜라보의 목적과 성과를 명확히 하고 기회를 평가하는 과정을 거쳐야 한다. 이제 콜라보의 기회를 발견하기 위해 검토하는 과정을 살펴보기로 하자.

콜라보의 목적과 성과를
명확히 하라

❖ 콜라보의 목표는 '콜라보'가 아니다

콜라보의 가능성을 기회로 연결시키려면 먼저 콜라보의 목적과 성과를 명확히 할 필요가 있다. 앞서 우리는 잘못된 콜라보의 사례와 파괴적 콜라보의 부정적인 결과를 확인한 바 있다. 모든 콜라보가 항상 좋은 성과를 가져다주는 것은 아니다. 때로는 콜라보가 오히려 부정적인 결과를 가져오기도 한다. 따라서 콜라보를 기획하는 사람이라면 '제대로 된 콜라보와 잘못된 콜라보가 어떻게 다른가'를 잘 이해하고, 이를 구별할 줄 알아야 한다.

오늘날 많은 기업들이 콜라보를 마치 트렌드인 양 무작정 선호하는 경향이 있다. 막연히 전사적^{全社的} 콜라보가 전략 실행의 필수 요소라고 믿는 것이다. 이러한 판단은 '콜라보를 할수록 회사가 나아진다'는 믿음과 '콜라보는 많이 할수록 좋다'는 가정을 전제한 것이다. 그러나 현실에서는 콜라보가 좋은 결과로 이어지지 않는 경우도 많이 볼 수 있다.

예를 들어, AOL^America Online^이 타임워너를 인수합병했지만 결국 실패했던 사례가 바로 그런 경우다. 2000년 AOL은 3500억 달러라는 천문학적 금액을 들여 타임워너를 인수합병했다. 그 금액은 당시만 해도 미국 인수합병 역사상 가장 큰 액수였다. 왜 그렇게 큰돈을 들여서 인수합병한 것일까? 그만큼 시너지가 클 것으로 기대했기 때문이다. AOL은 자사의 인터넷서비스 사업부와 타임워너의 콘텐츠 사업부가 협업하면 서로가 가진 장점이 만나 엄청난 시너지를 낼 것으로 기대했다. 하지만 시너지 효과는 미미했고, 합병 결과는 실패라고 평가되었다. 실제로 다수의 대학 비즈니스 스쿨에서 자주 거론되는 실패 사례로 손꼽힌다.

AOL과 타임워너의 콜라보는 왜 실패로 끝났을까? 그것은 먼저 콜라보의 효과에 대한 판단이 잘못되었기 때문이다. AOL의 임원들은 콜라보의 잠재가치를 과대평가했고, 그 때문에 콜라보를 해야 할 시기인지 아닌지 판단을 잘못한 것이다.

오늘날 콜라보가 강조되고 있는 것은 부정할 수 없는 사실이지만, 중요한 것은 무조건 추진하는 것이 아니라 성과를 내는 올바른 콜라보를 추진하는 것이다. 성과를 내지 못할 상황이라면 오히려 시도하지 않는 편이 더 낫다. 콜라보를 통해 뛰어난 시너지를 창출할 수도 있지만 제대로 활용하지 못하면 시간, 비용, 자원만 낭비하는 역효과를 낳을 수도 있기 때문이다. 많은 기업들이 부서 간 협력을 촉진하면서, 콜라보의 목표는 콜라보 자체가 아니라 성과 창출이라는 점을 잊어버리는 경우가 많다.

이러한 관점에서 버클리대학교의 한센 교수는 콜라보를 "각 이해관계자들이 소통과 협력을 통해 공동의 목표를 달성하고 성과를 창출하는 행동"이라고 정의 내렸다. 한센 교수의 정의로 보자면, 콜라보에서 중요한 것은 공동의 목표를 달성했는지, 또는 성과를 얼마나 만들어냈는지의 여부이다. 콜라보는 그 자체가 목적이 아니라 성과 창출을 위한 수단이기 때문이다. 거듭 말하지만, 잘못된 협업은 하지 않느니만 못하다. 올바른 콜라보를 통해 시너지를 만들고, 보다 나은 성과를 달성하는 것이 궁극적인 목적이다. P&G처럼 콜라보를 통해 지속적으로 혁신적인 제품을 만들어 세계적인 기업으로 성장한 것이 좋은 예이다.

P&G는 기존 기술의 재조합에 바탕을 둔 지속적인 혁신을 이뤄왔다. 1837년 오하이오에서 윌리엄 프록터William Procter와 제임스 갬블James Gamble이 설립한 P&G의 출발점은 비누와 양초를 만드는 것이었다. 이 비누와 양초는 P&G의 수많은 제품군의 근간을 이룬다. 비누 제조에서 유지油脂 관련 기술을 개발했고, 그 기술을 바탕으로 식용유, 땅콩 버터, 감자칩 등을 만들었다. 또한 식용유 생산을 위해

씨앗을 압착하는 과정에서 식물성 섬유에 관한 기술을 습득했고, 이로부터 종이 및 타월, 여성 생리용품, 아기 기저귀 등 종이 흡수성 제품이 탄생했다. 유지 기술은 타이드 세제 같은 계면활성제 개발의 토대가 되었고, 계면활성제 연구는 헤드 앤 숄더 샴푸와 팬틴 Pro-V 샴푸 출시로 이어졌다. 이처럼 P&G는 신제품을 만들기 위해 지속적으로 여러 가지 기술을 융합하면서 다양한 부서 간 콜라보를 진행했다. P&G에서는 콜라보를 통해 개별 연간 매출이 10억 달러 이상인 브랜드를 24개 이상 보유하게 됐는데 이 브랜드들이 바로 콜라보의 탁월한 성과물이다.

P&G 사례에서 보듯 현명한 콜라보는 놀라운 성과를 낼 수 있는 기회를 제공한다. 다시 한 번 기억해야 할 점은 콜라보의 목표는 콜라보 그 자체가 아니라 더 나은 가치를 창출하는 것이다. 그러기 위해서는 콜라보를 실행할지의 여부를 현명하게 판단하는 것이 선행되어야 한다.

어떻게 하면 올바른 판단을 내릴 수 있을까? 물론 이에 대한 대답은 상황마다 다를 수 있겠지만, 기본적으로는 다음 두 가지의 질문에 명확한 답변을 얻을 수 있어야 한다.

왜 콜라보를 하려 하는가?(콜라보의 목적)
콜라보를 통해서 무엇을 얻고자 하는가?(콜라보의 성과)

❖ 콜라보의 목적을 명확히 하라

성과 창출이라는 콜라보의 목적을 달성하기 위해서는 왜 콜라보를 하려 하는지, 그리고 그것을 통해 무엇을 얻고자 하는지 명확히할 필요가 있다. 아무리 좋은 결과를 얻는다 할지라도 그것이 애초에 기대한 목적과 다르다면 성공적인 콜라보라고 할 수 없기 때문이다. 일반적으로 기업이 콜라보를 하는 목적은 크게 두 가지로 구분할 수 있다.

첫째, 위험을 회피하기 위한 목적이다.

아무리 잘나가는 기업이라 할지라도 생존을 위협하는 위험은 늘있게 마련이다. 시장이나 고객의 변화, 경쟁사의 공격, 제품 라이프사이클의 변화, 새로운 경쟁사의 출현, 구매자나 공급자의 파워 증가 등 수많은 잠재 위험들이 도사리고 있다. 하지만 이러한 위험으로부터 자신을 보호하기 위해 모든 것에 완벽하게 대비한다는 것은거의 불가능에 가깝다. 따라서 현명한 기업가는 이해관계자와 공동전선을 펼쳐서 효율적으로 대처하기도 한다. 시장에 도사리는 잠재위험을 이해관계자와 콜라보를 함으로써 효과적으로 대응하는 것이다. 때로는 설령 그 이해관계자가 시장에서 치열하게 경쟁하고 있는회사라 하더라도 말이다.

가령 애플은 삼성과 스마트폰 시장에서 치열하게 경쟁하고 있지만 단순히 경쟁관계로만 보기는 어렵다. 아이폰에 들어가는 핵심부품의 많은 부분을 삼성으로부터 공급받고 있기 때문이다. 한마디로 애플과 삼성은 적이면서 동시에 동지 관계에 있는 셈이다. 물론 애플 입장에서는 삼성에 대한 의존도를 낮추려고 노력하고 있겠지만, 애플이 원하는 수준의 정교한 부품을 납품할 수 있는 업체가 삼성뿐이라는 현실적 고려도 한몫했을 것으로 보인다. 아무튼 애플과 삼성은 경쟁하는 입장에도 불구하고 한편으로는 콜라보를 통해 비즈니스 위험에 대비하는 모양새인 것만은 분명해 보인다.

둘째, 기회를 활용하기 위한 목적이다.

콜라보가 새로운 시장 기회를 잘 활용하기 위한 목적으로 진행되는 경우도 많다. 앞서 예를 들었듯이 애플은 도시바, 소니, 텍사스 인스트루먼트, 울프슨 마이크로일렉트로닉스 등 여러 회사와 콜라보를 통해 디지털 음원이라는 새로운 시장을 개척했다. 이처럼 상호 이질적인 요소를 잘 융합하여 새로운 비즈니스 기회를 만들어내는 이들 사람들은 창조자 또는 혁신가라고 부른다. 우리가 스티브 잡스를 '21세기 최고의 혁신가'라고 부르는 것처럼 말이다. 이러한 혁신가는 콜라보의 기회를 잘 발견해내는 통찰력을 가진 사람이라고 볼 수 있다.

결국 콜라보를 고려하는 사람이라면 콜라보에 앞서 '왜 콜라보를 하려 하는지' 두 가지 관점, 즉 위험 회피 또는 기회의 활용이라는 관점에서 먼저 생각해볼 필요가 있겠다. 첫 번째 질문에 긍정적인 결과가 나왔다면, 그 다음에는 구체적으로 '콜라보를 통해 무엇을 얻을 수 있는가', 즉 콜라보를 통해 얻을 수 있는 성과도 고려해봐야 한다.

❖ 콜라보의 성과를 검토하라

인생을 살다 보면 좋은 결과를 예상하고 실행에 옮겼지만 정작 결과는 기대한 바를 얻지 못하는 경우가 있다. 대표적인 것이 결혼이 아닐까 싶다. 결혼이란 남자와 여자가 평생을 함께하기로 약속하는, 말하자면 '인생의 콜라보'라고도 할 수 있다. 대체로 사람들은 사랑하는 사람과 결혼만 하면 행복하고 여유로운 삶이 주어질 것이라 기대한다. 하지만 막상 시작한 결혼 생활은 그다지 행복하지도 여유롭지도 못한 경우가 많다. 그렇지 않은가? 물론 자신의 결혼 생활은 그렇지 않다고 반문하는 사람도 있을 것이다. 그런 사람이라면 축하할 일이지만, 의외로 많은 이가 결혼 생활이 생각보다 만족스럽지 않거나 심지어 결혼한 것을 후회한다고도 말한다. 왜 그럴까? 그 이유야 결혼한 커플의 숫자만큼이나 다양하겠지만, 결혼에 대한 서로의 기대를 지나치게 부풀려서 그런 경우가 많다. 다시 말해 결혼이라는 콜라보의 성과를 막연히 좋게만 예측한 것이다.

프랑스 소설가 스탕달은 그의 책 《연애론》에서 "사랑은 환상에 불과하다."고 주장했다. 사람들이 상대를 있는 그대로 받아들이며 사랑하는 것이 아니라, 자신이 만들어낸 환상을 보고 사랑한다는 논리다. 상대방을 본래보다 더 좋게 해석한다는 것이다. 그래서 그는 "사랑은 허구요, 거짓이다."라고 말하기도 했다. 환상으로 만들어진 가공의 모습이 거짓인 것으로 드러나면 사랑도 끝난다는 것이다. 어떠신가? 스탕달의 주장에 동의하는가?

스탕달의 주장을 무조건 믿을 필요야 없겠지만, 상대방을 있는 그대로 보지 않고 다소간 좋게 포장한 상태로 사랑을 시작하고 결혼을 하는 경우가 전혀 없다고 말하기는 힘들 것이다. 콜라보에서도 마찬가지다. 막연히 결과가 좋을 것이라고 예상하여 다른 사람과 성급하게 콜라보를 진행하면 기대한 바를 얻지 못하는 경우가 자주 발생한다.

주위에서 '절대 동업은 하지 말라'는 말을 들어본 적이 있을 것이다. 이 말도 친하거나 안면이 있다는 이유만으로 가까운 지인과 성급하게 동업을 했을 때 낭패를 본 사례가 많아서 떠도는 이야기일 것이다. 요컨대 콜라보를 진행할 때는 그로써 무엇을 얻을 수 있는지 꼼꼼히 따져본 후에 진행해야 한다는 말이다. 즉, 콜라보의 성과를 명확히 해야 한다는 뜻이다.

❖ 콜라보로 이끌어낼 수 있는 성과

콜라보의 목적을 명확히 한 후에는 콜라보를 통해 얻고자 하는 성과를 구체화하는 작업이 필요하다. 기업은 콜라보를 통해 여러 가지 관점에서 성과를 창출할 수 있는데, 그 성과에는 어떤 것들이 있을까?

2008년 SAP코리아와 비즈니스위크리서치에서 최고 경영진 353명을 대상으로 콜라보의 성과에 대한 설문조사를 실시했다. 그 결과 비용 절감, 기술·제품·아이디어에 대한 새로운 접근, 스피드와 유연성 향상 등의 운영효율 개선, 품질 향상, 새로운 시장이나 고객의 창출 등의 성과를 기대하는 것으로 나타났다. 아직까지는 콜라보가

〈콜라보 성과에 대한 설문조사〉

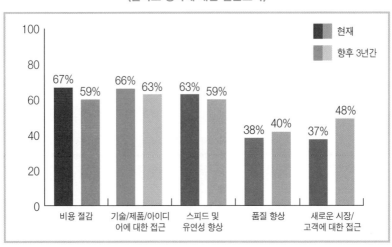

(자료: SAP코리아·비즈니스위크리서치, 2008. 8)

주로 비용 절감이나 새로운 아이디어나 기술에 대한 접근을 중심으로 이루어지고 있다. 하지만 향후에는 기업에게 새로운 먹을거리를 제공해주는 기회로 활용될 것으로 보인다.

일반적으로 기업은 콜라보를 통해 새로운 비즈니스 기회 창출뿐만 아니라 매출 증대, 운영효율 개선 등 세 가지 관점에서 그 성과를 정리해볼 수 있다.

(1) 비즈니스 기회의 창출

가장 먼저 생각할 수 있는 콜라보의 성과로는 기존 제품이나 기술을 혁신하고, 사업 아이디어를 발굴하여 신규 시장을 개척하는 등 새로운 **비즈니스 기회를 창출**하는 것이다. 콜라보를 통한 혁신으로 신규 시장을 개척함으로써 위기를 극복한 레고LEGO 사가 그러한 경우이다.

블록 쌓기로 유명한 덴마크의 레고 사는 오랜 세월 동안 장난감, 특히 블록 분야에서 승승장구하던 회사였다. 그런데 1990년대 들어서 위기가 닥쳤다. 기존의 장난감과는 차원이 다른 비디오 게임과 컴퓨터 게임 때문이었다. 훨씬 역동적인 게임들이 기존 레고의 어린이 고객을 빼앗아가기 시작한 것이다. 새로운 경쟁자의 등장으로 트렌드를 선도하던 레고는 오히려 시대에 뒤떨어진 기업이 되어버렸다. 레고 역사상 가장 큰 위기에 직면한 것이다.

하지만 레고는 가만있지 않았다. 스스로에게 두 가지 질문을 던졌다.

"왜 레고는 움직여서는 안 되지?"

"왜 어른은 레고의 고객이 될 수 없지?"

새로운 변화를 위해 레고가 선택한 길은 바로 콜라보였다. 1998년에 레고는 MIT와 손잡고 움직이는 레고 로봇인 '마인드 스톰'을 출시했다. 1999년에는 어른과 마니아를 겨냥한 '스타워즈' 시리즈를 내놓았다. 특히 성인 고객층을 공략한 전략은 크게 적중했으며, 얼마 뒤 회사의 큰 자산이 되었다. 레고 사에는 'Afols Adult Fans of Lego'라는 성인 동호회가 있는데 전 세계 회원이 25만 명에 이른다. 어린이 고객이 됨으로써 제품의 가격도 올라간 것은 물론이다. 이처럼 콜라보를 통해 기존 제품군을 획기적으로 혁신하고 이를 통해 새로운 시장을 개척함으로써 사업상의 위기를 극복하는 계기를 마련할 수도 있다.

(2) 매출 증대

콜라보의 두 번째 성과로 **매출 증대**를 꼽을 수 있다. 요즘 금융권을 보면 소위 합종연횡合從連橫이 성행하고 있다. 은행과 보험사와 증권사가 전통적인 업業의 영역을 넘나들며 새로운 상품을 내놓고 있다. 대표적인 상품이 방카슈랑스 상품이다. 방카슈랑스는 은행

banque과 보험assurance의 합성어로, 은행과 보험회사가 상호 제휴와 업무 협력을 통해 종합금융 서비스를 제공하는 새로운 금융 결합 형태를 말한다. 쉽게 말해 은행에서 취급하는 보험 상품을 일컫는 말이다.

이들은 왜 각자 업의 영역을 넘어서면서까지 콜라보를 시도하는 것일까? 그 이유는 단순하다. 매출을 늘리기 위함이다. 은행 입장에서는 기존의 예금과 적금 고객에게 새롭게 보험 상품을 판매함으로써 매출을 높일 기회가 생기고, 보험사 입장에서도 자신들의 보험 상품을 은행 고객에게까지 소개할 수 있는 장점이 있기 때문이다. 이처럼 서로 다른 채널끼리 상품을 바꾸어 판매한다든가, 여러 가지 상품을 묶어서 판매하거나, 영업이나 유통망을 공유하는 등의 단순한 협업만으로도 실질적인 매출 증대를 기할 수 있다.

혹시 편의점에서 택배 서비스가 가능하다는 사실을 알고 있는가? 매일 전국으로 배송하는 물류 시스템을 갖추고 수만 개에 달하는 거점을 보유한 편의점과 택배 서비스를 결합하여 고객에게 편의를 제공하기 위해 만든 콜라보 시스템이다. 고객의 입장에서도 가깝게 매일 들르는 편의점에서 택배 서비스를 이용할 수 있어서 좋고, 기업 측에서도 매출 증대로 이어지니 서로 윈윈win-win인 셈이다.

또 다른 예를 살펴보자. 우리나라 여성들이 가장 선호하는 가방 브랜드는 무엇일까? 정확한 통계를 확인하고 말하는 것은 아니지만,

아마도 세계적인 명품으로 알려진 루이비통이 아닐까? 특히 대도시에 사는 20~30대 직장 여성이나 40~50대 중년 여성은 대부분 루이비통 가방 한 개쯤은 가지고 있는 경우가 많다. 그런데 최근에는 루이비통 가방 중 전통적인 무늬가 아니라 흰색이나 검정색 바탕에 알록달록한 색상의 패턴이 들어간 가방이 눈에 자주 띈다. 이 새로운 색상의 가방은 루이비통이 일본인 아티스트와 콜라보를 통해 만든 제품이다.

루이비통은 일본의 유명 아티스트인 무라카미 다카시와 손을 잡고 새로운 '무라카미 라인'의 제품을 선보였다. 루이비통 수석디자이너로 있는 마크 제이콥스가 무라카미 다카시와 손잡고 2003 S/S 시즌에 기획하여 세계적인 성공을 한 라인이다. 도쿄를 중심으로 활동해온 무라카미 다카시는 전통적인 일본 미술과 현대 일본 애니메이션의 2D적 스타일에 주목한 아티스트다. 일본 애니메이션의 알록달록한 색감을 떠올리게 하는 다카시의 새로운 패턴은 점점 고루하다는 인식이 쌓여가고 있던 루이비통의 모노그램 백에 활력을 불어넣었다. 아티스트가 직접 제작에 참여하며 패션과 미술계에 파장을 몰고 온 무라카미 라인은 루이비통의 오래된 매너리즘을 타파하는 시도로 각광받았다. 루이비통은 무라카미 다카시 외에도 다양한 아티스트들과 콜라보를 통해 지속적인 브랜드 혁신을 시도하고 있다. 이러한 노력이야말로 루이비통 브랜드가 사람들에게 오랜 시간 명품으로 사랑받는 원동력이 아닐까 한다.

(3) 운영효율 개선

콜라보의 세 번째 성과는 **운영효율 개선**이다. 기업 내 다양한 부문과 콜라보를 통해 경비 절감, 품질 개선, 의사결정 제고 등의 효과를 얻을 수 있다. 가령 사내 우수사례의 전파나 공유를 통한 판매 증대, 고객정보나 이력의 공유를 통한 서비스 신속성 제고 등 비즈니스 프로세스 단계에서 효율성을 높이는 효과를 얻을 수 있다. 이러한 운영효율 개선은 자연스럽게 경비 절감으로 이어져 회사 전체의 이익 증가로 귀결된다.

가령 미국에서는 POS시스템을 활용하여 운영효율을 획기적으로 개선했던 사례가 있다. 일반적으로 소매업체들은 늘 재고 부족에 시달린다. 할인이나 프로모션 행사가 있으면 더욱 그러하다. 그런데 제지업계에서 굴지의 기업인 킴벌리 클라크는 매장수가 1300개에 이르는 체인형 소매점인 푸드 라이언에서 POS시스템을 적극 활용하여 재고 관리를 획기적으로 개선했다. POS시스템을 활용하기 전에는 프로모션 행사의 품절 비율이 18%에 달했는데, POS시스템을 활용한 이후에는 품절 비율이 10%로 줄어들었다. 덕분에 매출은 167%나 증가했다. 비결은 무엇일까? 바로 콜라보이다. 유통업체와 체인점 간의 POS데이터 공유 및 활용이라는 콜라보 과정을 통해서 재고 관리 등의 운영효율을 개선함으로써 모두가 윈윈하는 결과를 얻은 것이다.

　지금까지 살펴본 바와 같이 기업은 콜라보를 통해 새로운 비즈니스 기회를 발견하고, 매출이 증대되며, 여러 측면에서 운영효율을 개선할 수 있다. 이러한 성과 때문에 많은 기업들이 혁신활동의 수단으로 콜라보에 주목하고 있는 실정이다. 여러 다른 분야의 구성원들이 상호작용을 통해 새로운 아이디어와 매력적인 제품을 창출하는 일은 기업의 혁신을 넘어서 생존이나 성장에도 매우 중요한 과정이다. P&G 사례처럼 다른 분야의 기술들이 만나 신기술로 이어지고, 그 기술에서 신제품이 탄생하는 과정은 기업이 왜 혁신을 해야 하고, 어떻게 추진해야 하는지 시사하는 바가 크다. 사람뿐만 아니라 기술, 제품, 지식, 브랜드, 아이디어 등 그 어떤 것도 혁신의 자원source이 될 수 있다. 이것들은 동시에 콜라보의 자원이기도 하다.

뮤지컬 영화의 감동이 오래 지속되는 이유

톰 후퍼 감독의 〈레미제라블〉 포스터_ 노래와 연극의 융합인 뮤지컬이 다시 영화와 만나 콜라보를 이룸으로써 관객의 마음에 살아 있는 감동을 전할 수 있었다.

영화 〈레미제라블〉을 본 적이 있는가? 이 영화는 2012년 12월에 개봉한 서사 로맨스 뮤지컬 영화로 휴 잭맨, 앤 해서웨이, 에디 레드메인, 서맨사 바크스 등 할리우드 최고 배우들의 열연과 탄탄한 스토리가 더해져 수많은 관객의 가슴을 울린 감동 대작이다. 우리나라에서도 약 591만 명의 관객을 동원하며 큰 사랑을 받았다.

알다시피 이 영화는 1862년 프랑스의 소설가 빅토르 위고가 쓴 동명의 장편 소설을 원작으로 하였고, 동명의 뮤지컬 음악을 담당했던 알랭 부브릴과 클로드 미셸 숀베르크가 그대로 참여했다. 감독은 톰 후퍼, 각본에는 윌리엄 니컬슨 외에도 부브릴, 숀베르크, 허버트 등이 참여했다.

그 결과 개봉 후 많은 비평가들에게 호의적인 평을 받았으며, 배우들의 노래 역시 찬사를 받았다. 이러한 찬사는 골든 글로브상 시상식에서 영화 뮤지컬 코미디 부문 작품상, 영화 뮤지컬 코미디 부문 남우주연상(휴 잭맨), 영화 부문 여우조연상(앤 해서웨이) 등의 수상으로 이어졌다. 특히 앤 해서웨이는 이 작품을 통해 영국 아카데미상BAFTA 여우조연상, 미국 아카데미상 여우조연상, 미국 배우조합상 영화 부문 여우조연상, 크리틱스 초이스상 영화 부문 여우조연상 등 여러 상을 휩쓸었다. 그뿐만 아니라 미국 아카데미상 최우수 작품상에 노미네이트되었고, 휴 잭맨 역시 남우주연상 후보로 지명되었다. 결과적으로는 분장상과 음향믹싱상, 여우조연상을 수상하며 3관왕의 쾌거를 달성했다.

이처럼 영화 〈레미제라블〉은 작품성도 매우 높은 평가를 받았을 뿐 아니라 흥행에도 최고의 성공을 이룬, 말하자면 두 마리 토끼를 동시에 잡은 작품으로 기록되었다. 그렇다면 이 영화가 이렇게 성공할 수 있었던 이유는 무엇일까? 물론 다양한 분석이 가능할 것이다. 먼저, 빅토르 위고라는 세계적 작가의 유명 소설을 원작으로 한 감동적인 시나리오, 배우들의 뛰어난 연기력에 더해진 훌륭한 노래 실력, 영상기술 및 음악 등 여러 요소가 한데 어우러져 최고의 성과로 이어졌다고 평가할 수 있을 것이다.

하지만 영화 〈레미제라블〉의 성공을 논할 때 빼놓을 수 없는 점이 있다. 영화와 뮤지컬의 만남이 바로 그것이다. 영화 〈레미제라블〉에서는 배우들이 현장에서 직접 라이브^{live}로 노래를 부르는 새로운 방법이 도입되었다. 이러한 시도는 영화에 현장감을 높이는 계기가 되었고 관객들에게 보다 생생한 감동을 선사하는 기제로 작용하였다. 노래와 연극의 융합인 뮤지컬이 다시 영화와 만났다는 점, 그 콜라보의 결과는 관객의 마음에 살아 있는 감동을 전하는 수단이 되었다.

물론 뮤지컬 영화라고 해서 무조건 성공을 보장하기는 어렵다. 하지만 여타 흥행 영화에 비해 성공한 뮤지컬 영화일수록 여러 번 보아도 여전히 재미와 감동을 주는 것도 부인할 수 없다. 명절이면 자주 재방되는 TV 프로그램 중에 〈사운드 오브 뮤직〉이라는 영화가 있다. 아마 대부분 한 번쯤은 본 적이 있을 것이다. 하지만 다시 보더라도 식상하다는 느낌보다는 생생한 감동과 함께 영화 속 노래를 가끔 흥얼거리게 되는 이유도 바로 뮤지컬이라는 장르가 가진 힘이 아닐까 싶다. 영화와 뮤지컬의 콜라보는 그것 자체로도 신선한 결합이지만 감동을 배가시키는 수단으로도 좋은 조합인 듯 보인다.

콜라보의 기회를
발견하고 평가하라

❖ **콜라보 매트릭스의 활용**

그럼 조직에서는 어떻게 콜라보의 기회를 발견할 수 있을까? 먼저 조직 내 부서나 부문 간 콜라보의 잠재적 기회를 진단해야 한다. 이러한 콜라보의 잠재적 기회(편익)를 세부적으로 진단하는 방법으로 콜라보 매트릭스가 있다. 콜라보 매트릭스란 사업부문을 두 개씩 짝을 지어 각 부문에서 콜라보 기회가 존재하는지의 여부를 평가하는 도구이다.

예를 들어보자. 부서에서 전 구성원이 유원지로 야유회를 가기로 했는데, 멤버들은 각자 알아서 자동차로 야유회 장소까지 이동해야 한다. 이런 경우 경비를 최소화하기 위해서는 어떻게 하는 것이 좋을까? 당연한 이야기지만, 각자 사는 곳을 기준으로 어떻게 하면 가장 효율적으로 카풀car pool을 할 수 있을지 계산한 뒤 가장 적은 차량이 이동할 수 있는 방법을 찾는 것이 효과적이다. 이것도 일종의 콜라보 매트릭스라고 할 수 있다.

비슷한 논리로, 조직에서도 협업의 기회를 발견하기 위해서는 각 부서나 부문의 특징이나 인프라를 살펴 서로 다른 부문들이 합쳤을 때 어떠한 시너지가 날 수 있을지 미리 계산해볼 수 있다. 다음 그림 은 부문 간 콜라보 매트릭스를 통해 잠재적 협업의 기회를 산출하 는 것을 보여주고 있다.

〈콜라보 매트릭스 예시〉

	부문A	부문B	부문C	부문D
부문A		제조공정 공유		부문A+부문D 결합형 비즈니스 모델 구축
부문B	Value Chain 통합			
부문C		부문B+부문C 인프라 통합		
부문D	부문A+부문D 결합형 비즈니스 모델 구축	포트폴리오 확대	Value Chain 투 자 및 공급선 다 변화로 상권 확대	

(자료: 《협업》, 모튼 T. 한센)

그림을 보면, 부문A는 부문B와 생산시설을 함께 사용하는 등 제 조공정을 공유할 수 있고, 부문D와는 새로운 비즈니스 모델을 만들

가능성이 탐지되었다. 부문B와 부문C는 인프라를 통합하여 운영 효율성을 높일 수 있고, 부문B와 부문D는 사업 포트폴리오를 확대할 수 있다. 부문C와 부문D는 공급선 다변화나 상권 확대 등의 시너지 기회가 있는 것으로 포착된다. 이처럼 콜라보 매트릭스를 통해 서로 다른 부문끼리 짝을 지어서 생산 및 유통망 공유, 구매처나 거래선 공유, 새로운 사업 포트폴리오 개발 등 시너지 창출의 기회를 엿볼 수 있다. 무턱대고 어떤 콜라보 기회가 있을까를 생각할 때보다 매트릭스를 활용하면 콜라보 기회를 발견하는 데 훨씬 용이한 측면이 있다.

❖ **콜라보 기회의 가치 평가**

콜라보 기회를 발견했다면 실질적으로 콜라보를 했을 때 발생할 손익 평가를 해야 한다. 즉, 기회 평가가 필요한 것이다. 위에서 살펴본 콜라보 매트릭스는 콜라보 기회 발굴은 물론, 기회가 있다면 그 규모가 어느 정도인지도 파악할 수 있게 해준다. 관리자는 콜라보 프로젝트를 시작할지의 여부와 시기를 결정할 때는 실행 전과 후의 가치를 평가하여 비교해봐야 한다. 즉, 콜라보 프로젝트를 실행할 경우 그것을 실행하지 않았을 때보다 얼마만큼의 실질적인 가치가 증가할 것인지 고려해야 한다.

　관리자는 프로젝트에 대한 ROI^return on investment 측면에서 콜라보 프리미엄(기회)을 계산해볼 수 있다. 이때 프로젝트 실행으로 얻는 수익만을 고려할 것이 아니라, **기회비용과 콜라보 비용까지 추가로 고려**해야 한다. 콜라보 매트릭스에서 나온 콜라보 기회를 실행할 것인지 말지 계산한다면 다음과 같은 식으로 정리할 수 있다.

> **콜라보 프리미엄 = 프로젝트 수익 − 기회비용 − 콜라보 비용**

　콜라보를 진행할지의 여부는 콜라보 프리미엄이 발생하는지에 따라 달라지는데, 콜라보의 순 가치가 프로젝트 수익에서 기회비용과 콜라보 비용을 모두 제외한 수치보다 클 경우에만 콜라보를 진행해야 한다. 이처럼 프로젝트 수익에서 기회비용과 콜라보 비용을 뺀 순 가치를 콜라보 프리미엄이라고 부른다. 프리미엄이 양(+)이 될 때만 콜라보를 진행해야 한다.

　여기서 프로젝트 수익이란 콜라보를 진행함으로써 얻을 수 있는 추가 수익이나 편익을 금액화한 것이다. 기회비용이란 '콜라보 프로젝트에 투입되는 돈이나 자원, 시간이나 노력을 다른 곳에 쓴다면 무엇을 할 수 있을지'에 대한 대답이다. 즉, 기회비용은 다른 프로젝트 대신 콜라보 프로젝트를 선택함으로써 포기한 순 현금 흐름을 말한다.

콜라보 비용이란 콜라보를 진행함에 따라 추가로 발생하는 혼란과 그에 따른 비용을 말한다. 가령 콜라보를 위해 회의를 하거나 오고 가는 시간, 프로젝트 진행을 위해 협의하거나 논쟁하는 시간, 이러한 갈등을 해소하기 위한 노력, 이 때문에 발생하는 부수적인 시간 지연, 품질 저하, 매출 감소, 추가 비용 투입 등 콜라보를 실행할 때 예상되는 부정적인 요인을 금액으로 환산한 결과를 말한다. 쉽게 말해 콜라보를 시작함으로써 발생한 모든 요인에 대한 마이너스 현금 흐름이 콜라보 비용이다. 그럼 이해를 돕기 위해 실제로 콜라보 프리미엄을 한번 계산해보자.

콜라보 프리미엄 계산

각각 일당 10만 원을 버는 두 사람이 협업을 하여 일일찻집을 열기로 했다. 그들은 새로운 프로젝트를 진행하기 위해서 준비하는 데 꼬박 하루를 썼고, 준비 기간을 포함하여 프로젝트 기간 동안 밥값, 교통비 등으로 10만 원을 지출했다. 그렇다면 일일찻집이라는 콜라보 프로젝트를 진행하기 위해서는 두 사람의 프로젝트 수입이 최소한 얼마가 되어야 할까?

콜라보 프리미엄이 제로(0)가 되는 지점을 계산해보겠다. 먼저 콜라보에 따른 기회비용이다. 두 사람은 준비 기간 1일, 일일찻집 1일하여 총 이틀 동안 다른 일을 하지 못했다. 2일×2인=4일간의 기회비용이 투입된 셈이다. 비용으로 계산하면 총 40만 원의 기회비용이 발생했다. 또한 콜라보 비용으로 밥값, 교통비 등 10만 원을 지출했다. 따라서 기회비용과 콜라보 비용을 합한 50만 원 이상을 일일찻집을 통해 벌 수 있어야 콜라보 프리미엄이 발생하는 것이다.

❖ 콜라보 기회를 평가할 때 유의사항

콜라보 프리미엄, 즉 콜라보 기회를 평가할 때 유의해야 할 사항이 크게 두 가지가 있다.

먼저 콜라보 프리미엄을 계산할 때 과대평가나 과소평가를 피해야 한다. 콜라보 프리미엄 계산은 실제 실행한 프로젝트를 사후에 계산하는 것이 아니라 사전에 예측하여 계산하는 것이므로 계산상의 오류가 있을 수 있다. 만약 프로젝트 수익이나 비용 예측을 잘못한 경우라면 콜라보 진행 여부에 대한 의사결정에도 심각한 오류가 발생할 수밖에 없다.

그래서 콜라보 프리미엄을 계산할 때는 먼저 콜라보 프로젝트가 가져다줄 수익을 지나치게 과대평가하는 것을 피해야 한다. 콜라보를 통해 큰 혜택을 얻을 것이란 기대가 너무 지나쳐서 성급하게 협업을 시도하는 경우 이런 일이 발생하기 쉽다. 앞서 예로 들었던 AOL이 타임워너를 성급하게 합병한 프로젝트가 여기에 해당한다고 하겠다.

한편, 프로젝트의 수익을 과대평가하는 것도 문제지만 지나치게 과소평가하는 것도 잘못이다. 리더가 기업 내 콜라보를 통해 얻을 수 있는 편익이 거의 없다고 생각하거나 콜라보 비용이 너무 크다고 생각할 경우, 자칫 콜라보를 통한 성과 창출의 기회를 놓칠 수 있기 때문이다.

다음으로는 콜라보 비용을 간과해서는 안 된다. 일반적으로 콜라보 프리미엄 계산에서 놓치기 쉬운 것 중 하나가 콜라보 비용에 대한 고려이다. 흔히 기회비용에 대한편 고려는 빼먹는 경우가 거의 없지만 콜라보 비용을 간과하는 경우는 자주 발생한다. 콜라보란 서로 이질적인 사람이나 부문이 새로운 프로젝트를 시작하는 것이다. 그렇기 때문에 생각지도 않았던 여러 가지 문제점과 갈등의 가능성이 산재되어 있다. 따라서 콜라보에 따른 인적, 물적 융합 가능성을 잘 판단하여 콜라보 비용을 충분히 고려해야 한다.

가령 콜라보에 적합하지 않은 조직문화를 가지고 있는 경우에는 프로젝트를 진행하는 도중 사사건건 부딪치게 되고, 상대방을 의심하면서 정보 공유를 꺼리게 된다. 이러한 문제가 발생하게 되면 필연적으로 시간과 비용이 추가로 투입되는데, 이는 모두 비용 상승 요인으로 작용하게 된다. 사전에 이러한 비용을 충분히 고려하지 않으면 프로젝트 자체가 실패로 이어지거나 예상했던 것보다 수익이 적어질 수도 있다. 콜라보 비용이 지나치게 높아서 프리미엄이 나타나지 않을 위험이 있다면 프로젝트를 아예 진행하지 않는 편이 낫다.

결국 콜라보를 추진할 때 중요한 것은 창조적 성과를 가져다줄 콜라보 프로젝트와 그렇지 않은 프로젝트를 구분할 줄 아는 능력이다. 이를 위해서는 사전에 콜라보 프리미엄을 정확히 계산하는 것이 무엇보다 중요하다. 그러나 콜라보 비용이 크다고 해서 무작정 프로젝트를 포기하는 것만이 능사는 아니다. 어떻게 하면 콜라보 비용을 줄일 수 있을지도 함께 고민해야 한다. 만약 콜라보 비용을 줄일 방안이 있다면 프로젝트 추진을 검토할 수도 있다.

〈소요유〉에 나오는 어느 상인 이야기

다음은 《장자》〈소요유逍遙遊〉에 나오는 한 상인의 이야기다. 먼저 고전 속 이야기로 들어가보자.

송나라에 손이 트지 않게 하는 약을 만드는 사람이 살았다. 그의 집안은 대대로 그 약을 손에 바르고 무명을 빨아서 탈색하는 일을 하였다. 어떤 이방인이 그 말을 듣고 금 100냥을 줄 터이니 약을 만드는 비법을 팔라고 하였다. 그는 가족을 모아놓고 의논하면서 "우리는 대대로 무명을 탈색하는 일을 해왔지만 기껏해야 금 몇 냥을 만져보지 못했는데 이제 이 약을 만드는 비법을 금 100냥에 사겠다는 사람이 있으니 팝시다." 하고 설득했다.

그 이방인은 그 비법을 사가지고 오나라 임금에게 가서 자신의 비법을 선전했다. 마침 월나라가 오나라에 싸움을 걸어오자 오나라 임금은 이방인을 수군대장으로 삼았다. 결국 이방인은 겨울에 수전을 벌여 손이 트지 않는 비법을 이용해서 월나라 군대를 대파했다. 이에 오나라 임금은 그 이방인에게 땅을 떼어주고 영주로 삼았다.

손을 트는 것을 막는 약은 마찬가지였는데 한쪽은 그것으로 영주가 되었고 다른 쪽은 그것으로 무명 빠는 일밖에 못했다. 사용하는 바가 달랐기 때문이다.

《장자》 _ 중국 전국 시대에, 장자가 지은 사상서. 중국의 철학과 선종의 발전에 막대한 영향을 미쳤다. 인간 지혜의 한계를 말하고, 모든 것을 있는 그대로 받아들이는 데에 참된 자유가 있다고 설명한다.

흔히 '재주는 곰이 넘고 돈은 되놈(중국사람)이 번다'는 속담이 있다. 열심히 노력해서 재주를 부리는 곰은 정작 큰돈을 벌지 못하고, 이를 이용해서 기회로 활용한 사람이 더 큰돈을 버는 상황을 빗대어 한 말이다. 그렇다면 중국 사람은 무조건 나쁜 사람일까? 그렇지 않다. 어찌 보면 중국 사람은 돈 벌 기회를 잘 포착했고, 그것을 유용하게 활용한 사람이다.

중국의 고전 《장자》 〈소요유〉도 이와 비슷한 사례라고 할 수 있다. 앞서 본 것처럼 손이 트지 않게 하는 약을 만드는 사람은 큰돈을 벌지 못했지만, 이를 잘 활용한 이방인(상인)은 큰 이익을 남겼다. 둘의 차이는 무엇일까? 그것은 '기회'를 포착하는 능력의 차이다. 약을 만든 사람은 약만 만들었을 뿐, 그것을 활용해서 돈 벌 기회를 만들어낼 생각은 하지 못했다. 반면 이방인은 그것을 오나라 군대에 활용할 기회를 생각해냈다. 다시 말해 손을 트지 않게 하는 약과 군대에서의 활용 기회를 잘 조합하여 큰 이익을 얻은 것이다. 결국 서로 다른 분야를 잘 연결하여 새로운 비즈니스 기회를 포착하는 자가 큰 이윤을 남기게 된다.

3장

콜라보의 **장벽을**
제거하라

콜라보 기회를 발견했다 하더라도 그것이 곧바로 실행으로 이어지는 것은 아니다. 아무리 좋은 아이디어라도 실제 실행할 때는 여러 가지 반대와 장벽에 부딪히게 마련이다. 이러한 장벽을 돌파하지 못한다면 아무리 좋은 기회라도 성공적인 콜라보로 이어지지는 않을 것이다.

이전에는 아무도 해보지 않았던 새로운 시도는 대체로 주변 사람들로부터 비판을 받는 경우가 많다. 처음 하는 시도는 익숙하지도 않을뿐더러 자칫 무모해 보이기도 하기 때문이다. 천재 과학자 에디슨이 어린 시절 병아리를 부화시키려고 달걀을 품고 있었다는 이야기는 누구나 알고 있을 것이다. 사람들은 그의 모습을 보고 대단하다고 말하기보다 엉뚱하다거나 어리석다고 판단하기 쉽다.

이러한 일은 일상에서도 자주 일어난다. 창조적 기회를 발견한 이가 새로운 시도를 시작하려면 가장 먼저 만나게 되는 것이 주변의 반대와 질타다. 그리고 반대와 질타를 잘 극복해야만 비로소 창조로 이어지는 것이다. 역사적으로 살펴보더라도 위대한 창조는 모두 새로운 시도에 뒤따르는 장벽과 반대를 잘 넘어선 것들이다. 처음으로 지동설을 주장했던 코페르니쿠스가 그랬고, 최초로 진화론을 주장했던 다윈이 그랬다. 우리나라의 경우 대중가요 역사에 한 획을 그은 '서태지'를 예로 들 수 있다.

1992년 4월 11일은 '서태지와 아이들'이라는 남성 3인조 신인 그룹이 무대에 데뷔한 날이다. 당시 TV 프로그램은 가수가 노래를 부르고 나면, 네 명의 심사위원이 평가를 해주는 형식이었다. 서태지와 아이들의 노래를 들은 심사위원의 평가는 일부 엇갈리긴 했지만 대체로 유보적이었다. 10점 만점에 평균 7.8점이라는 낮은 점수를 받았다. 중얼거리는 듯한 가사에 자유분방한 의상, 무대 위를 천방지축으로 뛰어다니는 그들의 모습은 분명 새로운 시도이긴 했다. 하지만 기존 가수나 노래 스타일에 익숙했던 심사위원들로부터 좋은 평가를 받기는 어려웠다.

그러나 전문 심사위원들의 평가와는 달리 시청자들의 반응은 뜨거웠고, 그것은 새로운 영웅의 탄생을 알리는 신호탄이 되었다. 서태지와 아이들의 등장을 시작으로 대중음악계는 기존 질서가 붕괴되고 새로운 '신세대 문화'가 싹트게 되었다. 그들은 70년대 청년 문화, 80년대 언더그라운드 문화의 파괴력을 넘어서 90년대를 신세대 문화로 규정지으면서 가히 서태지 신드롬을 불러일으켰다.

당시 서태지와 아이들 1집은 결코 음악만으로 평가할 수 없는, 하나의 문화 아이콘이었다. 이후에도 파격적인 내용의 가사와 다양한 음악적 실험으로 변신에 변신을 거듭한 서태지는 문화 대통령으로까지 불리게 되었다. 서태지는 발라드와 트로트가 대세를 이루던 음악계에 최초로 랩 댄스를 선보이며 센세이션을 일으켰고, 이후에도 힙합, 갱스터 록, 록음악과 국악의 접목 등 여러 장르를 혼합하여 자신만의 스타일로 만들어나갔다. 그런 점에서 보면, 서태지도 분명 음악 분야에서 콜라보의 대가였다.

우리 모두가 서태지처럼 콜라보를 통해 성공적인 창조를 이끌어 낼 수 있다면 얼마나 좋겠는가? 하지만 말처럼 쉬운 일은 아니다. 콜라보를 시도하기로 결정한 뒤에는 성공으로 만들어가는 과정이 더욱 중요하다. 실제 콜라보를 진행하다 보면 생각지도 못한 장벽에 부딪히는 경우가 많다. 따라서 콜라보를 통해 창조를 시도하려는 사람이라면 이러한 장벽을 미리 예측하고 대비해야 한다. 이번 장에서는 콜라보를 가로막는 장벽은 어떤 것들이 있는지, 또 그러한 장벽은 어떻게 제거할 수 있는지 살펴보기로 하자.

콜라보를 가로막는 장벽들

많은 기업들이 콜라보를 통한 시너지를 창출하려고 노력함에도 불구하고 원하는 대로 이루어지지 않는 경우를 종종 경험한다. 그 이유는 콜라보를 가로막는 장벽이 여러 가지로 존재하기 때문이다.

콜라보를 가로막는 장벽은 왜 발생하는 것일까? 앞서 살펴보았듯이 가장 큰 요인은 사일로 현상 때문이다. 회사 내에서 다른 사람이나 다른 부서와는 소통하지 않고 자신의 이익만을 좇는 사일로 현상은 대체로 개인 이기주의나 부서 이기주의로 표출된다. 사일로가 발생하면 자신 또는 자기 부문의 이익에만 집착하느라 정작 조직 전체의 성과는 외면하게 되고, 이는 결국 모두에게 피해를 주는 결과로 이어진다. 따라서 콜라보를 가로막는 장벽의 실체를 면밀히 파악하고, 그 대책을 강구하기 위해 노력해야 한다.

그렇다면 콜라보를 가로막는 장벽은 어떤 것이 있을까? 그것은 크게 문화적 장벽과 기술적 장벽으로 구분할 수 있다. 문화적 장벽이란 콜라보 주체들의 업무방식이나 행동양식 등 문화적 차이에서 오는 장벽으로 주로 콜라보에 대한 동기부여의 문제로 나타난다. 이 문화적 장벽은 다시 고립 장벽과 배척 장벽의 형태로 구분할 수 있다. 기술적 장벽이란 콜라보 주체들이 콜라보를 추진하는 데 필요한 기술 부족으로 발생하는 장벽으로, 이는 다시 탐색 장벽과 교류 장벽의 형태로 구분해볼 수 있다.

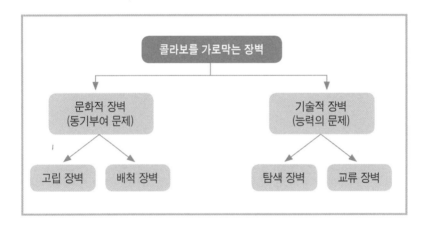

❖ 문화적 장벽의 유형과 원인

문제 해결을 위해서는 그 문제의 원인을 제대로 파악하는 것이 중요하다. 원인을 무시한 채 드러난 현상만 개선하려고 해서는 진정한 문제 해결이 어렵고, 문제를 더욱 악화시킬 위험도 있기 때문이다. 먼저 문화적 장벽의 형태인 고립 장벽과 배척 장벽의 원인을 살펴보자.

고립 장벽이란 외부나 타인에게 도움이나 조언을 구하지 않으려는 현상을 말한다. 콜라보를 실행하려면 서로 다른 이해관계자가 공동의 목표를 위해 서로가 가진 지식이나 정보를 교류하면서 나눌 수 있어야 한다. 그렇게 해야만 기존과는 다른 새로운 가치를 만들어낼 수 있다. 그러려면 상대방이나 외부에서 도움이나 조언을 구하려는 자세는 기본으로 갖추어야 한다. 하지만 실제로는 외부나 타인에게 도움이나 조언을 구하지 않고 독자 노선을 고집하는 경우도 많다. 왜 그럴까? 주로 다음의 세 가지 원인 때문이다.

(1) 내부 중심의 강한 연대

같은 부서에서 오랫동안 함께 일하다 보면 같은 부서 사람들끼리만 교류하고 외부와는 폐쇄적 관계를 유지하는 경우가 있다. 폐쇄적인 조직문화는 부서 내 사람들끼리의 단합에는 유리할지 모르겠지만, 외부와의 협력에는 부정적으로 작용한다. 외부와의 교류를 제한하고 외부인을 배척하는 문화에서는 새로운 시각이 유입되기 어렵고, 그들만의 집단적 신념이 강화된다. 일반적으로 집단 내 연대감이 높을수록 그 집단의 구성원들은 내부에만 집중하고 외부 세계에는 배타적인 태도를 보이기 쉽다.

실제 1990년대 휴렛패커드의 120개 제품 개발 팀을 대상으로 한 연구에서 이러한 폐쇄적 조직문화가 발견되었다. 이들 팀의 구성원들은 같은 부서 직원들끼리만 교류하고 그들끼리만 어울렸다. 그 때문에 시간이 흐르면서 그들 사이에는 사적인 관계로 구성된 폐쇄적인 인맥이 형성되었다. 이러한 경향 때문에 제품 개발 문제의 해결책을 내부에서 찾는 것을 선호하게 되었고, 이는 결국 회사의 부진한 성과로 이어졌다.

(2) 과도한 자기 주도성

만일 구성원이 자신의 문제는 스스로 해결해야 한다는 강박관념이 있다면 콜라보에는 오히려 부정적인 영향을 미칠 수 있다. 이러한 자기 주도성은 혼자 하는 일에서는 주도성과 완결성을 높이는 데 긍정적으로 작용하지만, 함께 일하는 상황에서는 부정적인 결과로 이어지기도 한다. 일반적으로 자신에 대한 신뢰성이 높거나 혼자 하는 업무에 익숙한 경우에 자기 주도성이 높은 경향을 보이는데, 부서 내에 이러한 태도가 널리 퍼져 있다면 콜라보에는 장애가 될 가능성이 높다.

(3) 약점 노출의 우려

타인에게 도움이나 조언을 요청할 경우, 자칫 도움을 요청한 측이 상대보다 능력이 부족하다거나 약점이 있다고 오인하는 경우가 있다. 특히 상대방을 잘 알지 못하거나 신뢰 관계가 형성되기 이전에는 그런 경향이 더욱 심하다. 조언을 구한다는 것은 자신의 약점을 드러내는 것이기도 하며, 때로는 비판도 감수해야 하기 때문에 오히려 도움을 받기보다는 숨기려 하는 경우가 있다. 또 적합하지 않더라도 평소 안면이 있고 가까운 사람에게만 도움을 청하기도 하는데, 이처럼 약점을 보이지 않으려는 태도가 콜라보를 방해하게 된다.

다음으로 **배척 장벽**을 살펴보자. 고립 장벽이 외부에 도움을 요청하지 않는 것이라면, 배척 장벽은 이와 반대인 경우를 말한다. 다른 사람이나 타 부서에 도움을 줄 수 있으나 실제로는 아무런 도움을 주지 않으려는 현상이다. 이러한 배척 장벽은 단지 개인적인 성향에 기인한다기보다 조직적인 차원에서 원인을 제공하고 있는 측면이 있다. 일반적으로 배척 장벽이 발생하는 원인으로는 다음의 세 가지가 있다.

(1) 배타적 경쟁 시스템

당사자끼리 치열하게 경쟁하는 관계라면 콜라보에 부정적인 기제로 작용한다. 상대를 도와줄 경우, 상대가 자신보다 우위에 서게 되는 위험이 두렵기 때문이다. 축구 경기에서 라이벌 관계인 동료 선수에게는 결정적인 패스를 해주지 않으려는 것과 같은 이치다. 서로 경쟁관계에 있는 당사자들을 묶어서 새로운 콜라보 프로젝트를 진행하면서 경쟁관계는 그대로 방치해두는 경우가 있는데, 이러한 상황에서 선의를 가지고 상대방을 돕는 것을 기대하는 것은 무리다. 실제 많은 기업에서 새로운 사업을 시도할 때 기존 사업부문의 협조와 지원을 바라는 경우가 많은데, 이때도 경쟁관계 때문에 은밀히 협력하지 않는 경우가 종종 발생한다.

(2) 보상의 연계 부족

콜라보를 해도 그 결과에 따른 보상(인센티브)이 없거나 한정적이라면 콜라보 프로젝트에 몰입할 동기부여가 생기지 않는다. 협력을 하되 보상은 기존 업무의 성과에 따라서만 주어진다면 자신에게 인센티브가 주어지지 않는 콜라보 업무에 집중할 사람은 많지 않을 것이다. 실제 대다수 기업들이 소속부서의 목표에 연동하여 인센티브 시스템을 운영하는 경우가 많은데, 이런 상황은 사람들로 하여금 소속부서 업무에만 집중하게 만들고, 타 부서 사람들에게 도움을 주는 것을 오히려 꺼리게 만들어 배척 장벽을 형성하게 된다.

(3) 권력관계에 대한 집착

조직 내 다른 사람에게 도움이나 조언을 제공할 경우, 상대방의 힘은 커지고 자신의 힘이 약해진다고 느끼면 콜라보를 꺼리게 된다. 이러한 현상은 콜라보를 통해 전체 파이를 키우려는 생각보다는 고정된 파이를 나눈다는 인식이 강할 때 주로 나타난다. 즉, 협력을 통한 시너지보다는 콜라보 과정이나 그 이후의 권력관계에 집착할 때 상대방과 정보를 나누지 않고 독점하려는 경향이 강해진다.

이 밖에도 지나치게 바쁜 업무 환경은 문화적 장벽을 강화시킨다. 자신이 맡은 업무를 처리하는 데 급급한 사람이라면 아무래도 타인과의 협력을 추진할 시간적 여유도, 타인에게 도움을 주거나 정보를 제공할 심리적 여유도 갖기 힘들 것이다. 남을 돕는 데도 어느 정도의 시간 할애는 필요할 수밖에 없기 때문이다. 최근 들어 성과주의에 내몰려 시간적 여유가 부족한 직장인이 많다. 이런 경우에는 자신의 업무를 처리하는 시간도 부족해서 다른 사람을 돕는 행위는 점점 힘들어질 수밖에 없다.

❖ 기술적 장벽의 유형과 원인

콜라보를 가로막는 두 번째 장벽인 기술적 장벽은 왜 생기는 것일까? 구체적으로 탐색 장벽과 교류 장벽의 원인을 살펴보도록 하자.

처음 가본 여행지에서 길을 잃었을 때는 목적지로 가는 길을 정확히 알려줄 사람을 찾는 일은 무엇보다 중요하다. 아무에게나 물어보았다가 자칫 낭패를 당할 수도 있기 때문이다. 조직에서도 마찬가지다. 어려움에 봉착했을 때 누구에게 도움을 청하는 것이 가장 효과적인지를 안다면 이미 그 문제의 절반은 해결된 셈이다. 이런 측면에서 요즘은 노하우knowhow보다 노웨어know-where의 중요성이 더 강조되기도 한다. 자신이 필요로 하는 정보를 어디 가서 찾을 수 있는지 알 수 없다면 도움을 받을 수도 없고 콜라보를 하기도 어려울 것이다. 탐색 장벽이란 이처럼 자신이 원하는 적절한 정보나 사람을 찾지 못하는 현상을 가리키는 말이다. 이러한 탐색 장벽 역시 콜라보를 방해하게 되는데, 일반적으로 **탐색 장벽**의 원인으로는 다음과 같은 것들이 있다.

(1) 과도한 정보

산업사회를 지나 지식정보화 사회로 들어서면서 과거와는 비교할 수 없을 만큼 지식과 정보의 양이 폭발적으로 증가했다. 그 결과 이제는 자신이 원하는 지식과 정보를 검색하는 데 오히려 어려움이 커졌고, 거기에 드는 시간 많아졌다. 정보나 지식이 넘쳐나다 보니 애써 찾은 정보가 올바른 것인지 판단하기 어려운 경우도 많다. 이래저래 정보를 검색하느라, 정보의 타당성을 확인하느라 시간을 들여야 한다.

상황이 이러하다 보니 많은 기업들이 정보의 홍수 속에서 필요한 정보를 효과적으로 검색할 수 있도록 다양한 정보 시스템을 도입했다. 각종 데이터베이스, 인트라넷, 지식관리시스템KMS 등이 바로 그것이다. 하지만 이러한 시스템 역시 오히려 정보의 검색을 더욱 어렵게 만드는 경향이 있다. 정보를 관리하는 시스템이 있다 보니 그 속에는 더 많은 정보가 쌓이게 되고 이는 오히려 필요한 정보를 검색하는 데 어려움을 증가시킨다. 정보의 과부하는 불필요한 정보의 양도 함께 증가시켜 소위 '신호 대비 잡음 비율'을 증가시키기도 한다. 이 때문에 필요한 지식이나 사람을 검색하는 데 더욱 애를 먹기도 한다.

(2) 조직 규모의 확대

회사 규모가 커질수록 필요한 사람과 정보를 검색하는 비용이 늘어나고 탐색 장벽 또한 높아진다. 수십만 명이 함께 근무하는 대규모 기업집단일수록 자신이 속한 사업부서를 벗어나면 누가 있는지, 어떤 일을 하는지, 어떤 정보나 재능을 가진 사람이 누구인지 파악하기가 힘들어진다. 또한 글로벌화가 진행되면서 여러 도시, 지역, 국가나 대륙에 걸쳐 운영되는 기업들이 늘어나고 있는 추세다. 이렇게 글로벌화가 진행될수록 같은 회사 내 인력끼리의 물리적 거리는 멀어질 수밖에 없다. 아무래도 물리적 거리가 먼 기업은 한곳에서 운영되는 기업보다 탐색 문제에 더 많은 비용과 시간이 들 뿐만 아니라 어려움도 배가될 수밖에 없다.

이처럼 회사의 규모가 너무 크거나 근무 인원이 많으면 개인 간 소통의 기회가 적어지기 때문에 탐색 장벽이 생긴다. 이 문제를 해결하기 위해 요즘에는 많은 기업들이 소통 활성화를 위한 공간 디자인에도 신경을 쓰고 있다.

(3) 심화된 분업화

사업 규모가 커지고 업무가 분업화되면서 각자 자신이 맡은 분야의 전문성을 높이는 방향으로 업무가 분화되었다. 하지만 이러한 현상은 다른 사람과의 네트워크를 부족하게 만드는 요인으로 작용하게 된다. 네트워크의 부족으로 사람 간의 교류가 뜸해지면, 인맥 관계가 느슨해지면서 개인화가 심화된다. 이러한 현상은 자연히 탐색 장벽으로 이어진다.

다음으로 교류 장벽이다. 교류 장벽은 전문지식과 노하우를 타인에게 전달하거나 전수받는 데 어려움을 겪는 현상을 말한다. 여러 부서에서 모인 사람들이 서로 협력하는 방법을 모르는 경우, 사람들은 자신의 전문지식이나 노하우를 다른 사람에게 이전하는 데 어려움을 겪는다. 또 지식의 특성상 명시적으로 표현하기 어려운 경우에도 이전하기가 어렵다. 암묵적 지식은 그것을 상대방이 이해할 수 있는 수준으로 변환시키기 어려운 경우가 많기 때문이다. 또한 서로를 잘 모르는 사람들 사이에서 지식을 이전하기 어려운 측면이 있다. 지식을 이전하려는 사람들은 강한 유대감, 즉 자주 대화하는 긴밀한 업무관계가 형성되어 있을수록 유리하다. 이러한 **교류 장벽**의 원인으로는 다음의 세 가지가 있다.

(1) 암묵지

암묵지, 즉 암묵적 지식이란 언어나 문자, 설명서, 방정식, 소프트웨어 코드 등으로 표현하기 어려운, 다시 말해 명시적으로 표현하기 어려운 정보를 말한다. 음식을 만들 때 필요한 가령 '어머니의 손맛' 같은 것이 암묵적 지식에 해당한다. 정해진 조리법대로 음식을 조리했지만 왠지 어머니가 만들어준 음식 맛이 아닌 경우가 많다. 하지만 어머니의 손맛은 그 실체를 구체적으로 파악하기 어렵다. 따라서 설명하기도 힘들고 배우기도 어렵다. 어머니의 손맛처럼 뭐라고 규정하기가 힘든 지식이 바로 암묵적 지식이다.

지식이론의 대가인 노나카 이쿠지로 교수는 지식에는 두 가지 종류가 있다고 주장한다. 암묵지와 형식지가 바로 그것이다. 암묵지暗默知, tacit knowledge는 '학습과 체험을 통해 개인에게 습득되어 있지만 겉으로 드러나지 않는 상태의 지식'을 말한다. 즉, 사람의 머릿속에만 존재하는 지식으로 언어나 문자를 통해 표현하기는 어려운 지식이다. 암묵지는 대개 시행착오나 반복 훈련 등 경험을 통해 체득되는 경우가 많다. 따라서 다른 사람에게 이전하기가 어렵다. 형식지形式知, explicit knowledge는 '암묵지가 문서나 매뉴얼처럼 외부로 표출돼 여러 사람이 공유할 수 있는 지식'을 말한다. 책이나 신문, 데이터베이스나 영상물과 같이 어떤 형태로든 형상화할 수 있는 지식이 형식지에 해당한다. 따라서 형식지는 타인에게 이전하기가 쉽다.

결론적으로 형식지에 해당하는 지식의 이전, 즉 분명하고 명문화된 기술적 지식이나 명료한 데이터를 다루는 경우에는 그것을 다른 사람과 공유하거나 이전하는 데 어려움이 없지만 암묵지에 해당하는 지식의 이전, 즉 난해한 신기술, 모호한 시장 데이터 또는 향후 시장 전망에 대한 직관 등을 공유해야 하는 경우에는 상대적으로 교류가 어렵게 된다.

(2) 유대감의 부족

형식지의 형태라고 하더라도 서로 잘 알지 못하는 사람끼리는 지식을 공유하기가 어렵다. 특히 유대관계가 약한 사이끼리 암묵적 지식을 이전할 때는 더욱 치명적 결과를 낳기도 한다. 유대관계가 약하면 상대방을 배려하거나 협력하려는 정도가 약할 수밖에 없다. 그러한 상태에서는 미묘한 부분의 전달이 미흡하게 되어 정보의 정확한 이전이 힘들다. 따라서 지식을 이전하려는 사람들은 강한 유대감을 느낄 수 있도록 자주 대화하고 긴밀한 관계를 형성하기 위해 노력해야 한다.

(3) 차이에 대한 공감대 형성 미흡

서로에 대해 전혀 모르는 사람들끼리는 상대방의 업무 습관이나 관행, 자신의 생각을 드러내는 표현방식의 디테일, 좋고 나쁨에 대한 도덕적 또는 윤리적 기준에 대한 이해 등에서 차이가 날 수밖에 없다. 이러한 차이에 대한 상호 공감대 형성이 부족할 경우에는 소통에서 오해를 일으키는 경우가 많고, 이러한 오해는 교류 장벽으로 이어져 결국 콜라보를 방해하는 장벽이 된다.

지금까지 콜라보를 가로막는 장벽이 생기는 원인을 살펴보았다. 그렇다면 일반적으로 기업에서는 주로 어떤 장벽이 높을까? 물론 이 질문에 정답은 존재하지 않는다. 왜냐하면 업종이나 지역, 조직문화 등 각 기업이 처한 환경에 따라 당면한 장벽과 그 정도에 차이가 있기 때문이다. 국내 기업 인사담당자들을 대상으로 실시한 조사에서는 이기주의가 가장 높은 것으로 나타난 반면, 공장과 사업장이 전국 곳곳에 분산되어 있는 한 제조업체에서는 탐색 장벽을 가장 큰 어려움으로 꼽았다. 기업마다 처한 상황이 다르고 작용하는 장벽의 성격도 다르기 때문에 차이가 생기는 것이다. 따라서 성공적으로 콜라보 프로젝트를 추진하려면 먼저 자신들이 직면하고 있는 장벽의 유형을 확인하고, 이를 제거하기 위한 맞춤형 해결책을 강구해야 한다.

배병우의 소나무 – 사진인가, 수묵화인가

'소나무' 하면 떠오르는 사진작가가 있다. '미스터 파인트리'라는 별명을 가진 배병우다. 2005년 팝스타 엘튼 존이 그의 소나무 사진을 2700만 원에 구입하면서 덩달아 그도 세계적으로 유명해지기 시작했다. 2006년에는 동양 사진작가로는 최초로 스페인 티센 미술관에서 개인전을 연 바 있으며, 그 후 스페인 정부 의뢰로 세계문화유산인 알함브라 궁전의 정원을 2년간 촬영하기도 했다. 유럽의 유명 소장가들은 배병우를 '미스터 파인트리'라고 부르며, 가장 좋아하는 한국 사진가로 평가한다.

배병우는 주로 소나무·바다·산과 같은 평범한 소재를 대상으로 하지만, 그 평범한 소재를 통해 한국의 정서를 탁월한 깊이로 표현해내고 있다. 그는 사진을 '붓 대신 카메라로 그린 그림'이라 칭하며 동일한 주제를 지속적으로 탐구하는 자세를 보였다. 그래서인지 그의 작품에서는 대상의 본질을 포착하고 선을 강조한, 즉 회화적 구성이 두드러진다.

배병우의 작품은 그가 자란 고향인 남도 지방의 나무와 바다 등 자연 풍경을 재해석하는 것에서 출발한다. 1970년대 후반 홍도, 완도, 백도, 소라도와 같은 남쪽 섬들의 해안에서 등대나 파도, 바위섬 등을 카메라에 담았다. 바다 시리즈 초기 작품들은 전체적인 분위기보다는 흑백 톤으로 바다의 물결과 암석의 선線을 부각시키는 데 초점을 맞추고 있다. 선을 통해 무겁게 공간의 구도를 만들어내고 단조로운 움직임만을 보여주는 그는 제주도의 오름을 통해서도 선을 발견하였다. 우리 산하山河의 완만한 능선과 소나무에서 한국의 선과 미를 발견하려고 노력한 것이다. 초기 작품에서 보여준 그의 예술적 면모에서 검은 묵 하나만으로 산수화를 멋들어지게 그렸던 동양화가의 체취가 느껴지기도 한다.

이와 같이 한국성에 대해 깊이 천착했던 그가 소나무에 관심을 갖기 시작한 것은 1980년대 초부터다. 전국에 가장 널리 분포한 수종이 소나무라는 사실 이외에도 한국의 역사와 문화에서 소나무는 다양한 상징을 내포하고 있기 때문이다. 그가 소나무를 선택한 이유는 또 있다. 서양에서는 르네상스 시대부터 사진기술이 발달했고 그 영향으로 미술작품에서도 빛의 명암을 십분 활용했지만, 동양에서는 명암보다는 주로 선을 이용한 먹의 짙고 옅음을 통해 사물의 깊이를 표현했다. 그는 자신의 사진작업에서도 이러한 동양화의 방식을 구현하고

자 했다. 즉, 사진으로 동양의 수묵화를 그린 것이다. 이러한 수묵의 조화를 가장 적절하게 표현할 수 있는 소재가 바로 '소나무'였던 것이다.

소나무를 주제로 한 배병우의 작품을 상상해보자. 동트기 직전 소나무 숲에는 아침 안개가 희뿌옇게 휘감아 돈다. 그는 송림 언저리에 웅크리고 앉았다. 미명의 빛이 시작되는 찰나를 포착하기 위해서다. 그는 소나무 숲에서 영기를 느꼈다고 한다. 작품에 내려앉은 안개와 빛은 화선지가 되고, 곡선의 미학을 보여주는 소나무는 힘차고 자유분방한 그림이 된다. 이것이 그가 찍은 소나무 사진을 보면 한 폭의 수묵화가 떠오르는 이유일 것이다.

그는 말한다.

"사진은 현대의 붓이다. 문제는 그 붓으로 무엇을 그리는가 하는 것이다. 카메라 기술만 좋다고 모두 다 사진가는 아니다. 나는 예술가이지 사진가가 아니다. 사진은 내가 가지고 있는 감성을 표현하는 도구일 뿐이다."

세계적으로 유명한 한국의 사진작가 배병우. 사진가가 아닌 예술가로서의 정체성을 가지고 자신만의 사진 예술을 창조한 배병우의 작품세계를 이끄는 힘은 무엇이었을까? 동양의 수묵화적 감성과 서양의 사진기술을 통해 오묘한 조화를 만들어냈기 때문이다. 동양화가 갖는 담담한 정서와 독특한 아름다움의 표현방식, 그러한 수묵화를 그리는 방식을 사진이라는 장르와 융합함으로써 그만의 독창성을 만들어낸 콜라보라 할 수 있다. 서양에는 사진보다 더 사진 같은 회화인 극사실주의가 있었다면, 우리나라에는 수묵화보다 더 수묵화 같은 '사진 수묵화'를 만들어낸 배병우가 있다.

콜라보의 장벽을
넘어서기 위한 방안

❖ 문화적 장벽 넘기

    앞서 살펴보았듯이, 문화적 장벽에는 고립 장벽과 배척 장벽이 있다. 고립 장벽의 원인으로는 내부 중심의 강한 연대, 과도한 자기 주도성, 약점 노출의 우려가 있으며, 배척 장벽의 원인으로는 배타적 경쟁 시스템, 보상의 연계 부족, 권력관계에 대한 집착이 있었다. 이러한 문화적 장벽은 콜라보 주체 간의 문화적 차이에 기인한 것으로 주로 동기유발과 관련된 문제라고 할 수 있다. 다시 말해 콜라보에 대한 의사가 절실하지 않기 때문에 발생하는 것이다. 콜라보의 주체가 '굳이 협력을 할 필요가 있을까?' 하고 의구심을 가질 때 발생하는 것이라고도 말할 수 있겠다. 따라서 이에 대한 해결책으로는 사람들로 하여금 콜라보를 성실히 수행하도록 동기를 부여하는 것이다. 해결책은 크게 두 가지 관점으로 생각해볼 수 있다.

(1) 콜라보를 위한 팀워크 강화

콜라보가 원활하게 이루어지려면 먼저 콜라보 주체들 간의 팀워크가 무엇보다 중요하다. 서로 다른 이해관계에 놓인 당사자들이 겉으로는 콜라보의 필요성에 동의한다 할지라도 서로 간의 문화적 차이, 콜라보를 바라보는 관점(입장)의 차이, 콜라보를 통해 얻고자 하는 목표의 차이 때문에 물과 기름처럼 섞이지 않는 경우가 많기 때문이다.

개별 집단을 통합하여 서로 협력하게 만들려면 어떻게 해야 할까? 대략 세 가지 방법을 생각해볼 수 있다. 먼저 공동의 목표를 설정하여, 그 목표를 중심으로 한 방향으로 정렬하는 것이 필요하다. 아울러 그러한 목표를 달성하기 위한 공동의 가치 기준을 정하고 공유해야 한다. 그러한 공동의 목표를 달성하려고 몰입하는 과정에서 자연스럽게 협력을 유도할 수 있다. 이를 위해 구성원끼리 공감할 수 있는 공통언어를 만들어 자주 사용하는 것도 좋은 방법이다. 특히 콜라보 추진 팀의 성격에 부합하는 언어나 협력을 권장하는 언어라면 더욱 효과적이다.

(2) T자형 인재의 육성과 지원

조직의 구성원들이 자신의 팀 성과에만 집중한다면 원활한 협력을 이끌어내기 어려울 것이다. 따라서 조직에서는 T자형 인재를 육성하고 지원하는 시스템을 통해 자연스럽게 콜라보를 중시하는 사람으로 키워나가야 한다.

〈콜라보에 적절한 T자형 인간〉

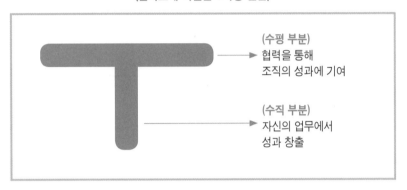

(수평 부분)
협력을 통해
조직의 성과에 기여

(수직 부분)
자신의 업무에서
성과 창출

 T자형 인재란 I자형 인재와 대비되는 말로, 자신의 팀 성과에 집중(T자의 수직 부분)하면서도 다른 부서와도 협력(T자의 수평 부분)을 잘하는 인재를 의미한다. 반면에 I자형 인재는 자신의 팀 성과에만 집중하느라 콜라보에는 무관심한 사람을 말한다.

 결국 성공적인 콜라보를 이끌어내기 위해서는 T자형 인재를 선발하고 육성하는 데 노력을 기울여야 한다. 아울러 보상과 승진 등 인사제도 전반에 걸쳐 T자형 인재가 우대받을 수 있는 체제를 갖추어야 한다. 즉 T자형 인재를 채용하고 승진시키며, 구성원의 T자형 행동을 보상하고, 리더는 구성원이 T자형 행동을 잘할 수 있도록 지도해야 한다.

❖ 기술적 장벽 넘기

앞서 살펴보았듯이 기술적 장벽에는 탐색 장벽과 교류 장벽이 있다. 탐색 장벽의 원인으로는 과도한 정보, 조직 규모의 확대, 심화된 분업화가 있으며, 교류 장벽의 원인으로는 암묵지, 유대감의 부족, 차이에 대한 공감대 형성 미흡이 있었다. 이러한 기술적 장벽은 주로 콜라보의 능력 부족 때문에 발생한 문제라고 할 수 있다. 따라서 다양한 방법으로 구성원이나 조직원 차원의 콜라보 능력을 길러주어야 한다. 이에 대한 해결책은 크게 두 가지 관점으로 생각해볼 수 있다.

첫째, 인적 네트워크를 활성화한다.

기술적 장벽은 정보의 양이나 특성과도 관련이 있지만, 네트워크 부족이나 유대관계의 질 때문에 발생하는 경우가 많다. 따라서 조직 내 물리적인 정보 시스템(지식관리시스템)을 잘 구축하는 것도 중요하지만, 보이지 않는 인적 네트워크를 강화하는 것이 더욱 중요하다. 가령 조직 내에 사람들이 자연스럽게 연결될 수 있는 네트워크를 구성해두면 여러 가지 콜라보 기회를 만들 수 있다. 또한 조직 외부 사람들과의 네트워크도 마찬가지의 효과를 가져올 수 있다. 그러므로 조직 내 또는 외부 사람들과 자연스럽게 네트워크를 형성할 수 있는 구조를 만드는 데 신경을 써야 한다.

그렇다면 어떤 네트워크가 좋은 네트워크일까? 이는 조직이나 상황마다 다를 수 있지만 콜라보를 원활하게 만드는 좋은 네트워크는 일반적으로 다음과 같다.

(1) 외부를 지향하라

콜라보 조직 내 네트워크는 기본적으로 외부 지향적으로 구성되어야 한다. 우리 팀에서 다른 팀으로, 우리 회사에서 다른 회사로, 가능하면 이질적인 영역과의 네트워크에 관심을 두어야 한다. 팀이나 부문 내 단합을 높이기 위한 네트워크도 중요하지만, 콜라보에 있어서는 시너지 효과를 기대하기 어렵기 때문이다.

(2) 다양성을 추구하라

네트워크가 콜라보에 도움이 되려면 규모보다는 다양성이 중요하다. 하나의 네트워크 안에 구성원이 지나치게 많으면 구성원끼리의 친밀도는 오히려 낮아질 수 있기 때문이다. 전체 구성원의 숫자는 적을지라도 다양한 부문의 사람들이 포진되어 있다면 조직 전체의 정보교류를 원활하게 하는 데 도움이 된다.

(3) 약한 네트워크를 구축하라

흔히 네트워크 내 구성원끼리의 관계는 강하면 강할수록 좋다고 생각하기 쉽지만 반드시 그렇지만은 않다. 관계가 강하면 한편으로는 네트워크의 폐쇄성을 높이는 쪽으로 작용하기도 한다. 사회적 네트워크의 효과성을 분석했던 마크 그라노베터Mark Granovetter 박사의 논문인 〈The Strength of Weak Ties〉(1973)에 따르면, 강한 네트워크strong ties보다는 약한 네트워크weak ties에서 정보의 흐름이 더 효율적인 것으로 나타났다. 강한 네트워크에서는 구성원 간 정서적 관계에 치중하는 반면, 약한 네트워크에서는 구성원 간 도구적 관계를 지향하기 때문이다. 요컨대 약한 네트워크를 구축하는 것이 정보의 공유나 협력에는 유리하다.

둘째, 콜라보 리더를 육성한다.

콜라보 능력 부족으로 발생하는 기술적 장벽은 각 주체의 콜라보 능력을 길러주는 것이 좋은 방법이다. 하지만 개개인의 능력을 향상시키는 데는 시간과 비용이 들기 때문에 먼저 콜라보 리더를 육성하는 것이 효과적이다. 콜라보 리더는 구성원들의 콜라보 마인드를 향상시키고 콜라보의 장벽을 제거함으로써 조직의 콜라보 능력을 키우는 역할을 담당한다.

콜라보 리더에게 필요한 역량은 크게 세 가지, 카리스마와 포용력과 소통 능력이라고 할 수 있다. 카리스마란 한마디로 구성원들이 목표에 몰입하도록 동기를 부여하는 능력이다. 이를 위해서는 남다른 책임감과 솔선수범이 전제되어야 한다. 또한 다양한 구성원들의 의견을 수용하고 통합할 수 있는 포용력이 중요하다. 리더의 포용력이 구성원들 간의 불필요한 갈등을 사전에 예방하고 조직의 시너지를 창출하는 원동력이 되는 것이다. 마지막으로 기본이자 핵심인 소통 능력이 중요한데, 여기서 소통이란 단순히 정보를 주고받는 기술적 수준이 아니라 '진심'이 통하는 소통을 의미한다. 이러한 소통으로 리더와 구성원 간은 물론 구성원 상호 간의 신뢰를 구축할 수 있어야 콜라보를 성공으로 이끌 수 있는 기반을 구축하는 것이다.

이러한 세 가지 능력을 갖춘 사람만이 구성원들을 믿고 따르게 만들며, 이질적인 구성원들을 감싸주고 받아들여 허심탄회하게 소통하며 서로 협력하게 만드는 콜라보 리더가 될 수 있다. 콜라보를 통한 조직의 창조적 성과를 기대하는가? 그렇다면 조직의 리더가 먼저 변화해야 한다.

베토벤 〈교향곡 9번〉이 위대한 이유

역사상 가장 위대한 작곡가는 누구일까? 이 질문에 가장 먼저 떠오르는 인물이 바로 교향곡의 아버지라 불리는 루트비히 판 베토벤일 것이다. 베토벤의 전기를 썼던 프랑스의 작가 로맹 롤랑은 그의 책 서문에서 "만약 신이 인류에게 저지른 범죄가 있다면 그것은 베토벤에게서 귀를 빼앗아간 일이다."라고 분개했을 정도니 말이다. 베토벤은 30세 이전에 난청이 심해져 고통을 받다가 나중에는 전혀 소리를 듣지 못하게 되었다. 하지만 그의 창작열은 이러한 고통에도 아랑곳없이 오히려 고뇌와 함께 심오해져서 위대한 작곡가의 반열에 이름을 남겼다.

루트비히 판 베토벤 초상_ 베토벤은 완전히 청각을 잃은 후에도 〈교향곡 9번〉을 작곡했다. 베토벤은 이 교향곡에서 처음으로 세상에서 가장 아름다운 악기인 인간의 목소리를 사용함으로써 '위대한'이라는 수식어를 붙여도 전혀 손색이 없는, 그 이전에는 상상도 못할 정도로 혁신적인 곡이라는 찬사를 받았다.

1819년에 베토벤은 완전히 청각을 잃었지만 작곡을 멈추지 않았고, 그의 작품 중에서 최고의 작품으로 불리는 〈교향곡 9번〉도 이 시기에 작곡했다. 〈교향곡 9번〉은 우리가 흔히 〈합창 교향곡〉이라고 부르는 작품이다. 이 곡은 '위대한'이라는 수식어를 붙여도 전혀 손색이 없는, 그 이전에는 상상도 못할 정도로 혁신적인 곡이다. 무엇 때문에 위대한 교향곡이라고 불리는 것일까? 그것은 바로 베토벤이 이 교향곡에서 처음으로 세상에서 가장 아름다운 악기를 사용했기 때문이다.

여기서 퀴즈 하나! 세상에서 가장 아름다운 악기는 무엇일까?

그것은 바로 '인간의 목소리'다. 베토벤이 보기에 세상에서 가장 아름다운 악기는 인간이 내는 목소리였다. 알다시피 교향곡은 여러 관현악이 어우러져 연주하는 다악장 형식의 악곡이다. 교향곡은 각각의 악기가 가진 고유한 음색이 조화를 이루어서 아름다운 음악을 만들어내는 것이 특징이다. 이러한 상황에서 베토벤은 한 가지 의문점을 갖기 시작했다. "왜 교향곡에는 세상에서 가장 아름다운 악기인 인간의 목소리를 사용하지 않는 것일까?" 그는 사람들에게 "9번 교향곡 마지막에 인간의 목소리인 합창을 넣겠다."라고 선언했다. 당시로서는 파격적인 발상이었음은 두말할 나위도 없다.

베토벤의 혁신적인 주장을 들은 주변 사람들의 반응은 어떠했을까? 주변 사람들은 전부 결사반대하고 나섰는데, 그들은 주로 다음과 같은 이유로 반대했다.

역사적으로 교향곡에 합창을 넣은 적이 없다.
100명이 넘는 합창단을 한 시간 이상 무대 뒤에 세워두는 것은 말도 안 된다.

대부분 과거에 '해본 적이 없어서'이거나 '실행상의 어려움' 때문이라는 핑계였다. 하지만 베토벤은 이러한 반대에도 아랑곳하지 않고 1824년 드디어 〈교향곡 9번〉 초연에 나섰다. 긴 시간의 오케스트레이션이 이어졌고, 그 끝에 바리톤 가수가 벌떡 일어나 "오! 벗이여, 이런 가락은 이제 그만 부르자. 보다 우애에 찬, 환희에 찬 노래를 부르자."고 외쳤다. 이어서 프리드리히 실러의 시 〈환희의 송가〉가 합창으로 울려 퍼지자 모든 청중은 놀람과 함께 전율의 감동을 느꼈다. 청중들은 지금껏 들어본 적이 없는 가장 아름다운 합주를 들었기 때문이다. 가장 아름다운 악기인 인간의 목소리와 관현악이 어우러지는 합창을. 합주가 끝나자, 당연하다는 듯이 우레와 같은 박수갈채가 쏟아졌다.

사람들은 왜 〈교향곡 9번〉에 열광한 것일까? 그 이유는 이전에는 들어본 적이 없는 새로운 합주곡이었기 때문이다. 이전까지 교향곡이라면 다양한 관현악기로만 연주했는데, 이 교향곡은 인간의 목소리와 관현악기가 절묘하게 조화를 이루어 전혀 새로운 곡으로 거듭났기 때문이다. 말하자면 최초로 인간과 악기가 협력하여 새로운 음악을 창조한 것이다. 이는 '창조적 콜라보레이션'이 있었기에 가능했으니, 〈교향곡 9번〉의 〈환희의 송가〉는 진정한 콜라보레이션의 산물인 셈이다.

4장

콜라보 시스템을 구축하라

세계에서 가장 빠른 사람은 누구일까? 대부분 알고 있듯이 100 미터 세계신기록을 보유한 육상선수 우사인 볼트다. 볼트는 100미터 를 9.58초에 달린 기록을 가지고 있다. 그런데 올림픽 육상경기 중 에는 네 명의 선수가 각각 100미터씩 달려서 누가 더 빠른지를 겨루 는 종목이 있다. 400미터 계주다. 그렇다면 400미터 계주 세계신기 록은 우사인 볼트가 가진 100미터 세계신기록인 9. 58초의 네 배인 38.32초보다 빠를까, 느릴까?

400미터 계주 세계신기록은 자메이카 팀이 가지고 있는데 놀랍게 도 그 기록은 36.84초다. 각 선수가 100미터를 평균 9.41초에 달린 셈이다. 100미터 기록이 우사인 볼트보다 느린 선수들(물론 그중 한 명은 볼트다)이 모여서 각자 100미터씩 달린 기록이 세계에서 가장 빠른 우사인 볼트의 100미터 세계기록을 단순히 네 번 합산한 것보다 훨씬 빠르다.

어떻게 이런 일이 가능한 것일까? 그것은 바로 이어달리기를 함으로써 상승작용이 일어났기 때문이다. 달리 말하면 네 명의 선수가 협력하여 시너지를 만들어낸 것이다. 물론 그러한 결과는 당연한 것이라고 말하는 사람도 있을 것이다. 계주에서는 두 번째 주자부터 멈춘 상태에서 정상적인 속력이 될 때까지 걸리는 시간을 절약할 수 있기 때문에 단순히 100미터 기록을 네 배로 계산한 것보다 유리하다는 논리다. 훈련되지 않은 사람끼리 실험을 해보면 계주에서 시간 단축이 매우 어렵다는 사실을 쉽게 알 수 있다. 시너지가 나기 위해서는 멤버끼리 손발이 척척 맞아야 한다.

콜라보도 마찬가지다. 누구나 콜라보를 한다고 해서 최고의 성과를 낼 수 있는 것은 아니다. 콜라보를 통해 효과적으로 시너지를 창출할 수 있는 메커니즘이 작용해야만 최고의 성과도 낼 수 있는 법이다. 그 시너지를 만들어내는 메커니즘이 바로 콜라보 시스템이다.

콜라보 시스템 구축의 3요소

앞서 우리는 400미터 계주의 기록이 100미터 세계신기록을 단순히 네 번 합산한 기록보다 좋은 이유가 콜라보 과정에서 멤버들끼리 잘 협력하여 시너지를 창출했기 때문이라는 점을 살펴보았다. 시너지를 만들어내기 위해서는 어떤 것들이 필요할까? 크게 세 가지 요소로 정리해볼 수 있다.

〈콜라보 시스템 구축의 3요소〉

첫째, 구성원들이 공동 목표를 향해 한 방향으로 정렬해야 한다.

서로 다른 이해관계자들이 콜라보를 통해 시너지를 창출하기 위해서는 가장 먼저 공동의 목표를 향해 한 방향으로 정렬해야 한다. 400미터 계주의 예를 들어보자. 올림픽에 참가할 정도의 선수라면 기본적으로 달리기 실력이 뛰어난 데다 열심히 노력한다. 하지만 세계신기록은 아무나 세우는 것이 아니다. 특히 개인 종목이 아니라 400미터 계주처럼 여러 사람이 힘을 합쳐야 하는 경우라면 더욱 그렇다. 한 명의 특출한 스타플레이어만으로 세계기록을 세우는 것은 불가능하다. 모두가 힘을 합치고 전체 멤버가 유기적으로 협력해야만 한다. 특히 각각의 멤버가 지향하는 목표가 동일해야 한다. 세계신기록은 멤버 네 명 모두가 세계신기록을 갈망해야 비로소 가능한 일이다. 만약 그들 중 한 명이라도 '나는 동메달 정도만 되어도 좋겠다.'라고 생각하고 그 수준에 만족한다면, 세계신기록을 달성하는 것은 어려울 것이다. 세계신기록이 가능하려면 모두가 그 목표를 가지고, 그 목표를 갈망해야 한다. 즉, 공동의 목표를 가지고 그것을 향해 한 방향으로 정렬해 있어야 한다.

둘째, 구성원 각자가 역할과 책임을 명확히 이해하고 있어야 한다.

시너지를 창출하려면 각자가 가진 능력을 고려하여 역할을 잘 나누어야 한다. 가령 네 명이 함께 뛰는 400미터 계주에서는 멤버 중 반드시 스타트가 빠른 사람, 피니시가 좋은 사람, 직선주로보다는 곡선주로에서 잘 달리는 사람 등이 있게 마련이다. 이때 각자 자신의 특성에 맞는 역할이 적절하게 주어져야 한다. 만약 개인 특성에 맞는 역할 배분이 이루어지지 않는다면 개개인의 기본기가 아무리 출중해도 세계신기록을 기대하기는 어려울 것이다.

또 자신에게 주어진 역할에 충실하려는 자세와 결과에 책임지려는 태도가 중요하다. 멤버 개개인이 자신이 맡은 역할을 이해하지 못하고 책임지려 하지 않는다면 팀워크는 발생하지 않으며 시너지 또한 기대하기 어렵다.

셋째, 구성원끼리 존중하고 배려하는 등 유기적으로 **협력**하는 **문화**를 정립해야 한다.

당연한 말이지만, 400미터 계주처럼 여러 명이 모여서 하는 팀 게임에서는 멤버 간 협력이 필수적이다. 각자 자신의 역량만 믿고 개인플레이에 치중한다면 좋은 결과를 기대하기는 어렵다. 축구 경기에서 동료 선수에게 아무도 패스를 하지 않고 개인기만 부린다면 경기에서 이길 수 없는 것과 같은 이치다. 상호 협력하려는 자세가 무엇보다 중요하다.

구성원끼리 잘 협력하는 문화를 만들려면 어떻게 해야 할까? 서로 존중하고 배려하는 자세가 필요하다. 예를 들어, 400미터 계주에서는 개개인의 능력이 아무리 출중해도 중간에 바통을 제대로 전달하지 못하면, 가령 중간에 바통을 놓치기라도 한다면 세계신기록은커녕 메달권에 들기도 어렵다. 따라서 다음 주자가 최대한 바통을 안전하고 편하게 받을 수 있게 존중하고 배려해야 한다. 그래야만 팀워크가 살아날 수 있고 기록도 단축할 수 있는 것이다.

결론적으로 콜라보를 통해 시너지를 창출하려면 콜라보 시스템을 잘 구축해야 한다. 그 핵심요소는 (1)구성원들끼리 공동의 목표를 향해 한 방향으로 정렬해야 하며, (2)각자가 목표 달성을 위해 역할과 책임을 명확히 이해하고 있어야 하며, (3)서로 존중하고 배려하는 협력의 문화를 정립해야 한다. 콜라보 프로젝트를 추진하는 사람은 이러한 세 가지 핵심요소가 조직에 잘 정착될 수 있도록 끊임없이 관심을 가지고 관리해야 한다. 지금부터는 각각의 요소를 좀 더 상세히 살펴보기로 하자.

공동의 목표를 설정하라

콜라보를 통해 시너지를 창출하려면 가장 먼저 해야 할 일은 구성원 모두가 공동의 목표에 몰입하는 일이다. 따라서 서로 다른 이해관계에 있는 콜라보 주체들을 하나로 모을 수 있는 공동의 목표를 설정하는 것이 무엇보다 중요하다. 그렇지 않으면 멤버들의 생각이 각자 따로 흩어져 힘을 모을 수 없게 된다. 공동의 목표가 있어야 구성원의 힘을 하나로 모으는 '한 방향 정렬'이 가능해진다.

❖ '내'가 아닌 '우리'의 목표 설정

다음은 조직의 한 방향 정렬 수준을 나타낸 도표인데, 일반적으로 조직 구성원들이 지향하는 방향이 어느 정도 합치되는지에 따라 대략 네 가지 수준으로 구분할 수 있다.

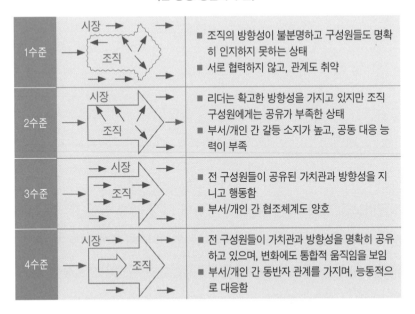

<한 방향 정렬의 수준>

1수준	시장 / 조직	■ 조직의 방향성이 불분명하고 구성원들도 명확히 인지하지 못하는 상태 ■ 서로 협력하지 않고, 관계도 취약
2수준	시장 / 조직	■ 리더는 확고한 방향성을 가지고 있지만 조직 구성원에게는 공유가 부족한 상태 ■ 부서/개인 간 갈등 소지가 높고, 공동 대응 능력이 부족
3수준	시장 / 조직	■ 전 구성원들이 공유된 가치관과 방향성을 지니고 행동함 ■ 부서/개인 간 협조체계도 양호
4수준	시장 / 조직	■ 전 구성원들이 가치관과 방향성을 명확히 공유하고 있으며, 변화에도 통합적 움직임을 보임 ■ 부서/개인 간 동반자 관계를 가지며, 능동적으로 대응함

1수준은 가장 낮은 수준으로, 조직의 방향성이 불분명하고 구성원도 명확하게 인식하지 못하는 상태다. 같은 조직에서 함께 일하고는 있지만 서로의 생각이 다른, 동상이몽同床異夢의 상태라고 할까? 이런 상태에서는 서로의 관계도 취약하고, 협력도 일어나지 않는다. 따라서 팀워크와 시너지를 기대하기 어렵다.

2수준은 리더가 방향성을 명확하게 지니고 있지만 조직 구성원들에게는 명확히 전파하지 않은 상태다. 1수준보다는 양호하지만 상황에 따라 부서나 개인 간 갈등의 소지가 높고, 위급한 상황에서 공동

대응이 어렵다. 역시 팀워크를 기대하기 어렵고, 시너지 효과도 제한적일 수밖에 없다.

3수준은 전 구성원들이 공유된 가치관과 방향성을 지니고 행동하는 상태이다. 이 수준에서는 부서나 개인 간 협조가 잘 이루어져 팀워크가 효과적으로 작용한다. 어느 정도의 시너지도 기대할 수 있는 수준이다.

4수준은 3수준을 넘어서 보다 이상적인 상태를 말한다. 이 수준에서는 구성원들이 가치관과 방향성을 공유하고 있음은 물론, 외부 환경 변화에 능동적으로 대응하면서 통합적이고 유기적으로 움직인다. 환경 변화에 마치 한 몸인 것처럼 유기적으로 반응하는 수준이다. 손발이 척척 맞아 들어가는 상태라 할 수 있다. 이 수준이 되면 서로 간의 관계도 협력관계를 넘어서 동반자 수준으로 올라가고, 최고의 팀워크와 시너지를 기대할 수 있다.

4수준 정도의 한 방향 정렬을 이루려면 관점의 전환이 필요하다. 이 수준이 되려면 내가 아닌 우리의 목표, 즉 공동의 목표를 설정해야 한다. 구체적인 사례로는 버크만랩 사의 '동료 지원peer assist'이라는 제도를 예로 들 수 있다. 전문 화학회사인 버크만랩 사는 비슷한 전략을 수행하는 사업부 간에 상호 협력하는 분위기를 정착시키고자 동료 간 지원을 실행하고 있다. 내용은 이렇다. 회사 내 150개에 이르는 사업부를 제품 수명주기와 사업전략이 유사한 사업부끼리 동료집단peer group으로 묶는다. 동료집단 사업부들은 비슷한 전략과 기술적 이슈를 공유해야 한다. 또 각 사업부는 자신의 목표뿐만 아니라 동료집단 전체의 목표 달성에도 책임을 갖는다. 즉, 한 사업부의 실패는 동료집단에 속한 모든 사업부의 실패로 간주한다. 또한 상위 세 개 사업부는 하위 세 개 사업부를 도와줘야 하는 책임을 짐으로써 동료집단의 성과에도 관심을 갖게 하였다.

결국 이러한 제도는 자연스럽게 동료집단 간 의사소통을 원활하게 만들고 협력을 강화하게 함으로써 조직의 성과를 개선하는 데 유용하게 작용하였다. 이와 같이 버크만랩 사는 사업부와 부서 간 공동의 목표를 설정하고 평가에 반영하는 등 직원 간 협력을 유도하는 제도적 장치를 통해 한 방향 정렬을 이루어냈다. 이처럼 공동의 목표 설정은 결국 시너지를 만드는 원동력이 될 수 있는 것이다.

❖ 좋은 목표를 통한 몰입

한 방향 정렬을 위해서 공동의 목표를 설정하는 일도 중요하지만, 좋은 목표를 올바르게 설정하는 기술도 필요하다. 목표를 올바르게 설정하지 못하면 구성원들이 목표에 몰입하기도 어렵고 공유하기도 힘들기 때문이다. 그렇다면 좋은 목표란 어떤 것일까? 좋은 목표는 다음 두 가지 조건을 충족해야 한다.

첫째, 좋은 목표는 사람들로 하여금 열정을 불러일으켜야 한다. 목표란 어떤 목적을 이루려고 지향하는 실제적 대상을 가리킨다. 그런데 문제는 사람마다 지향하는 실제적 대상이 다르다는 데 있다. 어떤 사람은 돈을 지향하는가 하면, 어떤 이는 진급이나 높은 지위를 지향하기도 한다. 다른 사람에게 인정받는 것을 우선적으로 바라는 사람이 있는가 하면, 안전함을 최우선으로 추구하는 이도 있다.

흔히 목표를 무작정 경영상의 성과나 수치로만 나타내는 조직도 있다. 하지만 수치로 표현되는 목표만으로는 사람의 가슴을 뛰게 만들기 어렵다. 좋은 목표는 그것을 들었을 때 가슴이 설레고, 다른 무엇보다도 반드시 달성하고 싶다는 의욕을 불러일으키는 것이어야 한다. 한마디로 열정을 불러일으키는 목표가 좋은 목표다.

목표가 열정을 불러일으키는지의 여부에 따라 구성원의 몰입도가 달라진다. 예를 들어보자. 어떤 나그네가 길을 가다가 큰 돌을 다듬고 있는 세 명의 석공을 보았다. 나그네는 그들에게 다가가 무엇을 하느냐고 물었다. 그들의 대답은 다음과 같았다.

[석공 A] 보면 몰라요? 나는 지금 돌을 다듬고 있습니다.
[석공 B] 성당을 짓는 데 쓸 석재를 다듬고 있습니다.
[석공 C] 신을 모실 성스러운 공간을 짓고 있습니다.

세 사람 중 누가 가장 열정적으로 일을 할까? 당연히 석공 C일 것이다. 자신이 하고 있는 일의 가치가 어떠한가에 따라서 몰입도가 달라지기 때문이다. 따라서 콜라보 프로젝트의 목표를 설정할 때도 목표를 보다 가치 있게 규정함으로써 구성원들의 열정을 불러일으켜야 한다.

둘째, 목표를 'SMART'하게 설정해야 한다. 여기서 SMART란 '똑똑한'이나 '영리한'을 뜻하는 형용사가 아니다. SMART의 의미는 아래와 같다.

(1) Specific_ 구체적일 것

좋은 목표는 구체적이어야 한다. 목표를 너무 일반적이거나 모호한 표현으로 설정한다면 구성원들을 효과적으로 몰입시키는 데 실패하기 쉽다. 가령 '최고의 성과를 달성한다'라는 목표를 정했다고 치자. 이 목표에 대해서 구성원들은 동일하게 인식할 수 있을까? 아마도 그렇지 않을 것이다. 서로 이해하는 정도가 다를 수 있다. 어떤 사람은 매출이 많은 것을 최고의 성과로 이해하고, 다른 사람은 이익이 많은 것으로 이해할 수도 있다. 또 어떤 이는 고객 만족도가 높은 것으로 해석할 수도 있다. 이렇게 되면 구성원들이 서로 다른 목표를 설정하고 있는 셈이다. 이것은 좋은 목표라고 할 수 없다. '최고의 성과'라는 일반적인 표현보다는 '매출 1000억을 달성한다'라는

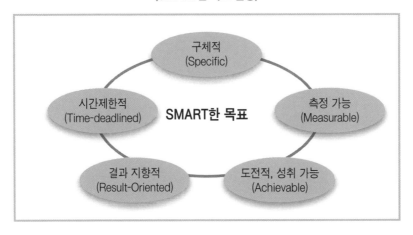

〈SMART한 목표 설정〉

구체적
(Specific)

시간제한적
(Time-deadlined)

SMART한 목표

측정 가능
(Measurable)

결과 지향적
(Result-Oriented)

도전적, 성취 가능
(Achievable)

식으로 구체적으로 표현하는 것이 더 좋다.

(2) Measurable_ 측정 가능할 것

목표는 설정하는 것보다 달성하는 것이 더 중요하다. 이를 위해서는 정해놓은 목표가 어느 수준까지 이루어지고 있는지 확인하고 평가할 수 있어야 한다. 측정이나 평가가 불가능하다면 목표를 관리하기도 어렵기 때문이다. 따라서 목표를 설정할 때부터 객관적으로 측정 가능한 수준으로 기술하는 것이 좋다. '최고의', '탁월한', '우수한' 등의 표현은 사람마다 해석하는 수준이 다를 수 있고 정확한 평가도 어려워서 좋은 목표라고 보기 어렵다. 측정 가능한 목표를 위해서는 가급적 객관화할 수 있는 수치 정보(정량적 지표)로 나타내는 편이 좋다.

(3) Achievable_ 도전적이면서도 성취 가능할 것

목표는 어느 정도 도전적이면서 열심히 노력하면 성취할 수 있는 수준이어야 한다. 지나치게 낮은 수준이거나 아무리 노력해도 달성하기 어려운 수준이면 오히려 목표에 대한 몰입 수준을 떨어뜨린다. 학교에서 항상 1등만 하는 친구에게 '이번 시험에서는 5등 안에는 들라'고 지나치게 낮은 목표를 정하면 오히려 공부를 열심히 하지 않게 될 것이다. 이와 반대로, 평소 꼴찌를 하던 친구에게 '이번 시험에는 전교 1등을 하라'면서 지나치게 높은 목표를 정한다면 목표에 몰입하기보다는 미리 포기해버리고 말 것이다. 따라서 조직이나 개인의 역량, 구성원의 자기 효능감, 목표의 통제 가능성 등을 고려하여 적당히 도전적이면서도 달성 가능한 목표를 정하는 것이 필요하다.

(4) Result-Oriented_ 결과 지향적일 것

흔히 결과보다는 과정이 중요하다고 말하지만, 목표 설정 과정에서는 결과 지향적으로 목표를 기술해야 한다. 나중에 성과를 평가하는 단계에서는 목표 달성 과정에서 구성원의 노력 여부를 추가로 고려할 필요는 있지만, 목표 자체로는 구성원의 노력이 구체적으로 어떻게 조직 성과로 이어지는지를 잘 판단하여 결과 변수에 초점을 맞추어 기술하여야 한다.

(5) Time-deadlined_ 시간제한적일 것

좋은 목표는 기한을 정해두어야 한다. 기한을 정해두지 않으면 목표의 몰입도 역시 떨어질 수밖에 없다. 이번에 못하면 다음에 언제고 하면 된다고 생각할 수 있기 때문이다. '매출 1000억 달성'이라는 표현도 언제까지 달성할 것인지를 명확히 명시해야만 목표로서 효과를 가지게 된다.

백남준의 파격 – 텔레비전이 예술 작품으로

세종문화회관 미술관 기획전 '백남준 그루브 홍'_ 수많은 고정관념을 넘어서 항상 새로운 예술세계를 추구해온 백남준의 삶에서 콜라보는 새로운 세계를 여는 작품 창조의 방법이었을 뿐만 아니라 그의 삶 자체였다.

비디오아트의 창시자로서 대한민국을 대표하는 예술가 중 한 명, 1999년 미국 미술 전문지《아트뉴스》에서 선정한 20세기 가장 영향력 있는 작가 25인에 선정, 2000년 아시아 작가로는 처음으로 뉴욕 구겐하임 미술관에서 회고전을 열었던 작가, 바로 백남준이다.

백남준은 1932년 한국에서 태어나 경기중학교와 경기고등학교를 졸업하고 일본 도쿄대학교에서 미술사와 미학, 음악학, 작곡을 공부했다. 1956년 독일로 유학을 떠나 뮌헨대학교와 프라이부르크음악학교, 쾰른대학교에서 현대음악을 전공했다. 1958년 백남준은 전위음악가 존 케이지John Cage를 만나면서 인생과 예술세계에 일대 전환을 맞았고, 1961년 플럭서스Fluxus 운동의 창시자 조지 마키우나스George Maciunas와 처음 만나 플럭서스의 창립 멤버로 참여했다.

비디오아트의 선구적 활동을 전개한 백남준은 1964년 뉴욕에 정착한 후 첼리스트 샬럿 무어맨Sharlotte Mooreman과 함께 음악, 퍼포먼스, 비디오를 결합한 작품들을 선보이며 센세이션을 일으켰다. 이후에도 백남준은 다양한 분야에 종사하는 동료들과 함께 광범위하게 작업을 했다. 1973년 〈글로벌 그루브Global Groove〉에서는 존 케이지와 앨런 긴즈버그Allen Ginsberg의 작품을 활용했고, 이러한 그의 작업 방식은 예술 창작에 대한 정의와 표현의 범위를 확대시켰다. 1974년 〈TV 정원TV Garden〉은 수많은 모니터를 사용해 비디오 설치라는 개념을 도입하여 설치미술의 가능성에 새로운 차원을 더했다.

1982년에는 뉴욕 휘트니 미술관에서 그의 첫 회고전이 열렸고, 1984년 뉴욕과 파리, 베를린, 서울을 연결하는 최초의 위성중계 작품 〈굿모닝 미스터 오웰Good Morning, Mr. Orwell〉

을 발표하여 큰 반향을 불러일으켰다. 이후 1986년 제2편 〈바이 바이 키플링Bye Bye Kipling〉, 1988년 제3편 〈손에 손잡고Wrap around the World〉를 연달아 발표했다. 1996년 뇌졸중으로 쓰러져 몸의 왼쪽 신경이 마비된 후에도 작품 활동을 계속하여, 2000년 레이저 폭포 〈야곱의 사다리〉, 2004년 9·11테러 희생자 추모작 〈메타 9·11〉을 발표하는 등 휠체어를 타고 다니며 창작 활동에 열정을 쏟아 붓다가, 2006년 1월 29일 미국에서 타계했다.

　그리고 그가 세상을 떠난 지 10년째인 올해, 세종문화회관 미술관에서는 그의 서거 10주기(2016년 1월 29일)를 맞아 기획전 '백남준 그루브 흥'이 열렸다.《경향신문》에 이와 관련하여 다음과 같은 기사가 실렸다.

> 　그루브groove란 리듬과의 상호작용에 의해 음악의 느낌이나 감각을 잘 탄다는 뜻이다. 이 용어는 "백남준의 영상들이 현대음악과 춤이 개척해온 급진적 성과를 현대미술(조형예술)과 융합하는 시도였고, 그 후 전개된 그의 일렉트로닉 TV 시리즈, 로봇 시리즈, 위성 아트, 레이저 아트 등은 자신이 추구하던 예술적 변동상태(파동)를 새롭게 등장하는 뉴미디어에 적용하는 작업이었다."는 이번 전시의 해석과 관련이 있다. 최초의 움직이는 미술이 인근 장르와의 융합의 결과물이란 뜻이다.
>
> (자료: 인터넷경향신문, 2015. 11. 23, 한윤정)

　백남준이 한국을 뛰어넘어 세계적인 예술가로서 명성을 얻은 원동력은 무엇일까? 그것은 '비디오아트의 창시자'라는 그의 별칭에서도 드러나듯이 미술과 음악의 결합, 예술과 텔레비전의 만남 등 다양한 콜라보를 시도한 데서 그 연원을 찾을 수 있을 것이다. 비디오아트라는 새로운 장르도 결국 이질적인 장르와의 융합으로 탄생한 것이다. 결국 백남준의 파격적인 예술 세계 창조의 원동력은 한마디로 콜라보의 결과였다. 수많은 고정관념을 넘어서 항상 새로운 예술세계를 추구해왔던 백남준의 삶의 여정 속에서, 그에게 콜라보는 새로운 세계를 여는 작품 창조의 방법이었을 뿐만 아니라 그의 삶 자체였던 것으로 보인다.

역할과 책임을 명확히 공유하라

　공동의 목표를 설정한 후에는 구성원별로 역할과 책임을 명확히 하고 이를 공유하는 것이 중요하다. 흔히 특정 개인에게 어떤 직책이나 업무를 주면, 당사자는 자신에게 주어진 역할과 책임이 명확한 것으로 인식하기 쉽다. 하지만 동일한 자리나 지위에 앉아도 사람마다 자신의 역할을 인식하는 정도가 다르다. 가령 가정에서 가장 역할을 인식하는 정도는 개인마다 차이가 있다. 집안일이나 자녀 교육이 자신의 역할이라고 인식하는 사람이 있는가 하면, 그깟 일쯤은 자신의 역할이 아니라고 생각하는 사람도 있다.

　한편, 역할의 인식에 따라서 책임을 느끼는 정도도 달라진다. 일반적으로 역할에 대한 인식이 클수록 책임도 중하게 여긴다. 자녀 교육을 자신의 역할이라고 인식하는 사람은 그렇지 않은 사람보다 결과에 대한 책임도 더 크게 느끼게 마련이다. 따라서 콜라보를 추진할 때는 구성원 모두가 자신의 역할과 그에 따른 책임을 명확히 인식하고 공유하는 것이 무엇보다 중요하다.

❖ **역할과 책임의 의미**

　역할role이란 용어는 본래 연극에서 비롯된 용어다. 연극을 할 때 배우는 자신에게 주어진 배역에 맞는 가면을 쓰고 마치 그 사람이 된 것처럼 연기한다. 이때 배우가 쓰는 가면을 페르소나persona라고 부르는데, 바로 이 페르소나가 역할을 의미한다. 따라서 유능한 배우는 자신에게 어떤 배역이 주어지더라도 그에 맞는 페르소나(가면)를 쓰고 능숙하게 연기해야 한다.

　이러한 페르소나가 사회적으로 확장된 의미가 '역할'이다. 역할이란 **주어진 사회적 지위나 위치에 따라서 개인에게 기대되는 행동**을 뜻한다. 가령 일반적으로 가정에서 아버지에게는 가장이라는 지위가 주어지는데, 그 지위라는 개념에는 '가족을 부양하기 위해 노력해야 한다'는 모종의 기대가 담겨 있다. 자녀가 학생인 경우에는 '공부를 열심히 해야 한다'는 명시적이거나 암묵적인 기대가 담겨 있다. 결국 역할은 자신에 대한 타인의 '기대'가 결정한다. 따라서 역할을 잘 수행하기 위해서는 기대에 걸맞은 행동을 해야 한다. 어떤 이유로든 기대한 바대로 행동이 뒤따르지 않는다면 역할을 제대로 수행하지 못한 것이 된다.

한편, 개개인에게 주어지는 역할의 크기는 그에게 주어진 사회적 지위나 위치에 따라서 달라진다. 예를 들면, 조직에서는 경영자에게 기대하는 행동과 직원에게 기대하는 행동이 다르다. 역할이 서로 다른 셈이다. 이것은 같은 직원끼리도 마찬가지다. 팀장에게 기대하는 행동이 다르고 사원에게 기대하는 행동이 다르기 때문에 그들의 역할도 달라진다.

조직에서는 누구의 역할이 더 클까? 경영자일까, 팀장일까, 사원일까? 기대하는 바가 클수록 역할은 무거워지게 마련이다. 역할의 정의가 그러하니까 말이다. 하여 일반적으로 조직에서는 위로 올라갈수록 역할이 커진다. 사원보다는 팀장이, 팀장보다는 경영자의 역할이 더 크다. 프로야구 팀에서도 후보 선수보다는 주전 선수의 역할이 더 크고, 그중 에이스의 역할은 막중한 것과 같은 이치다.

다음으로 책임이란 무엇인가? 책임이란 '맡아서 해야 할 임무나 의무' 또는 '어떤 일에 관련되어 그 결과에 대하여 지는 의무나 부담'을 뜻한다. 자신이 해야 할 일에 대해 개인이 느끼는 의무나 부담의 정도가 책임이다. 어떤 일을 해야 한다는 부담감이 높을수록 책임도 강한 것이다.

책임을 이야기할 때 눈여겨봐야 할 포인트는 개인이 느끼는 책임의 정도가 사람마다 다르다는 점이다. 가령 연로한 부모에 대해 책임을 느끼는 정도는 자녀마다 다르다. 일반적으로 장남이나 장녀가 다른 형제보다 책임을 더 크게 느끼는 경우가 많지만 반드시 그렇지만은 않다. 어떤 집에서는 장남보다 막내가 책임을 더 크게 느끼는 경우도 있다.

왜 이런 차이가 날까? 그것은 책임을 지각하는 정도가 개인마다 다르기 때문이다. 사람들은 흔히 동일한 입장에 있는 사람이라면 개개인이 느끼는 책임의 정도가 비슷할 것으로 생각하지만 실제로는 전혀 그렇지 않다. 개인이 어떻게 지각하는지에 따라 책임의 범위는 달라진다. 그런 이유 때문에 부모에 대한 책임을 장남보다 막내가 많이 지각할 수도 있는 것이다. 맥라건이나 모리슨의 연구에 따르면, 책임감은 개인마다 다르게 느끼는, 지극히 주관적인 지각이다.

> 책임감은 상호 교환의 원리에 지배받지 않고 개인에 따라 다르게 나타나는 주관적인 지각으로, 자신의 역할을 어떻게 정의하느냐에 따라 책임감의 범위가 결정된다.
>
> (맥라건, 1983 | 모리슨, 1994)

그들의 연구에 따르면, 책임감은 '상호 교환의 원리에 지배받지 않고 개인에 따라 다르게 나타나는 주관적인 지각'이다. 여기서 '상호 교환의 원리에 지배받지 않는다'는 말은 어떤 보상 때문에 느끼는 부담은 책임감이 아니라는 뜻이다.

가령 자녀가 나중에 재산을 물려받을 것이기 때문에 노부모를 부양해야 한다고 느낀다면 이것은 책임감이 아니다. 이미 상호 교환의 원리가 작용하고 있기 때문이다. 이것은 정확히 말하면 일종의 거래에 불과하다. 대부분의 부모는 자녀를 위해 아무런 대가를 바라지 않고 자녀에 대한 의무나 부담을 지는데, 이것이 바로 진정한 의미의 책임감이다. 물론 어떤 경우에는 부모가 자녀에게 의무나 부담을 덜 느끼거나 노후를 보장받을 목적으로 자녀 양육을 부담하는 경우도 있을 것이다. 하지만 이 역시 책임감이 주관적인 지각이기 때문에 그렇다. 요컨대 책임감은 개인에 따라 다르게 느끼는 주관적인 지각으로 동일한 조건에서 개인이 느끼는 책임의 크기는 사람마다 다르다.

책임감의 범위는 무엇으로 결정될까? 그것은 바로 '자신의 역할을 어떻게 정의하느냐'에 달렸다. 자신의 역할을 크게 설정하면 책임감의 범위도 커지고, 자신의 역할을 작게 정하면 책임감의 범위도 작아진다. 막내임에도 불구하고 장남보다 부모에 대한 책임을 더 크게 느낀다면, 막내가 자식으로서 역할 범위를 장남보다 더 크게 설정했기 때문이다. 조직에서는 일반적으로 경영자가 직원보다는 책임을 더 크게 느낀다. 이는 경영자가 직원보다는 역할 범위를 크게 인식하고 있기 때문이다. 이처럼 역할과 책임은 밀접한 상관관계가 있다. 역할이 클수록 책임도 크게 느낀다.

한편 커밍스와 앤턴의 연구에 따르면, 개인이 느끼는 책임은 공식적인 역할과 일치하지 않는 것으로 나타났다.

> 개인이 지각하는 책임은 특정 상황에 대한 개인 스스로의 믿음과 그에 따른 반응이며, 이는 공식적인 역할과 일치하지 않더라도 개인은 책임을 느낀다고 한다.
>
> (커밍스와 앤턴, 1988)

그들 연구에 따르면, 개인이 지각하는 책임은 '특정 상황에 대한 개인 스스로의 믿음과 그에 따른 반응'으로 결정된다. 이 견해는 맥라건과 모리슨의 주장과도 일치하는 부분이다. 그런데 그들은 또 개인이 지각하는 책임은 '공식적인 역할과 일치하지 않더라도 개인은 책임을 느낀다'고 주장했다. 공식적인 역할과 무관하게 역할의 범위를 넓게 갖는 사람이 있으면 책임도 크게 느낀다는 것이다. 가령 장남보다 부모에 대한 책임을 크게 느끼는 막내의 경우도 공식적인 역할과는 무관한, 개인의 믿음과 반응의 결과다.

커밍스와 앤턴의 이러한 주장은, 생각해보면 조직생활에서 자주 발견되는 일이기도 하다. 가령 해외 출장이나 병가 등으로 팀장이 갑자기 공석이 된 상황을 생각해보자. 이때 차석次席 관리자가 임시로 팀장 역할을 대행하는데, 마치 원래 팀장이 있었던 것처럼 아무런 문제없이 수행하는 경우가 있다. 이때 그 관리자는 자신에게 공식적으로 팀장 역할이 주어진 것은 아니지만 자신이 팀장 역할을 수행해야 한다고 믿고, 또 그렇게 행동한 것이다. 이런 상황에서 그 관리자는 팀장 역할 수행에 대한 책임감을 가졌을 것이다.

여기서 놓치지 말아야 할 점은 '역할과 책임'의 관계다. 역할에 대한 지각이 클수록 책임도 크게 느낀다. 또 개인이 갖는 책임감은 공식적인 역할뿐만 아니라 비공식적인 역할에서도 가질 수 있다는 점을 기억해야 한다.

❖ 역할과 책임의 명확화와 공유가 중요한 이유

콜라보 프로젝트에서 개개인의 역할과 책임을 명확히 하고 또 이를 공유하는 것이 중요한 이유는 무엇일까? 그것은 구성원 개개인이 자신의 역할과 책임을 지각하고 그것을 전체가 공유할수록 협력이 잘되고, 그로 인해 시너지가 일어나기 때문이다. 반대의 경우에는 이기주의 현상이 발생하고 구성원 간에 불협화음이 생겨 팀워크를 해치게 된다.

콜라보를 진행하는 가장 큰 이유는 서로 다른 이질적인 분야가 합쳐져서 시너지를 창출할 수 있기를 기대하기 때문이다. 그러나 앞서 살펴보았듯이 콜라보를 했다고 해서 모두 시너지가 발생하는 것은 아니다. 오히려 콜라보를 하기 전보다 나쁜 결과를 가져오는 경우도 있다.

경영학에서 시너지 효과란 하나의 기능이 다중多重으로 이용될 때 생성되는 효과를 말하는데, 상승효과라고 번역하기도 한다. 즉, '1 + 1'이 2 이상의 효과를 내는 경우를 가리키는 말이다. 예를 들어, 기업이 새로운 제품을 출시할 때 새로운 제품이 단지 그 제품의 고유 가치만큼이 아니라 그보다 더 큰 이익을 가져올 때가 있다. 신제품을 새롭게 출시할 때 기존의 유통경로를 활용하면 이전보다 더 큰 이익이 발생하는 경우가 있다. 기존에 이미 투자했던 것을 무상으로 사용했기 때문이다. 말하자면 이미 차려놓은 밥상에 숟가락을 하나 더 얹는 것과 같다.

가령 주유소에서 건강식품을 판매한다면 새로운 점포를 설치할 필요도 없고 유통비용도 줄일 수 있다. 신제품에 기존의 유명 상표를 붙여서 판매한다면 홍보비용을 절감할 수도 있다. 이처럼 투입 input을 덜 들이고도 결과output는 더 크게 만드는 일이 시너지 효과의 일종이다. 이러한 시너지는 판매 과정뿐만 아니라 생산 과정 또는 투자 과정에서 발생할 수도 있다. 새로운 생산설비를 도입할 때 기존의 유휴 설비를 활용하거나 새롭게 투자한 회사를 활용하여 기존 회사의 거래비용을 줄이는 경우 등이 여기에 해당한다.

앞서 예를 들었던 400미터 계주의 좋은 기록도 시너지가 난 경우다. 100미터를 10초에 달리는 선수 네 명이 모여 400미터 계주를 하면 개인 기록의 단순 합계인 40초보다 빠른 기록을 내는 것, 이것은 바로 시너지 효과다. 이는 각 구성원의 역할과 책임을 명확히 하는 것이 전제되어야 함은 물론이다. 이처럼 부분의 성과를 각각 합한 것보다 전체의 성과가 더 큰 경우를 시너지 효과라고 부르며, 콜라보를 하는 가장 큰 이유가 바로 여기에 있다.

그러나 콜라보를 진행하면서 역할과 책임의 명확화와 공유가 미흡하면 오히려 성과가 나빠져 역시너지 효과가 나는 경우가 있는데, 이를 링겔만 효과Ringelman effect라고도 한다. 링겔만 효과는 집단에 참여하는 개인의 수가 늘어갈수록 성과에 대한 일인당 공헌도가 떨어지는 현상을 말한다. 독일의 심리학자인 링겔만은 줄다리기 시합에서 집단에 속한 각 개인의 공헌도 변화를 측정하는 실험에서, 개인이 당길 수 있는 힘의 크기를 100으로 보았을 때 인원이 많을수록 개인이 당기는 힘이 약해진다는 사실을 발견했다. 집단의 인원이 많을수록 '나 하나쯤이야 힘을 주지 않아도 되겠지.' 하는 생각을 하는 사람이 늘어나기 때문이다.

이와 같이 링겔만 효과란 집단 내에서 개인이 덜 노력하는 현상을 말한다. 일반적으로 조직 규모가 커질수록 개인은 기회주의적 선택의 가능성이 높아지고, 무임승차자free rider가 나타날 확률이 커진다. 달리 말하면, 자신의 역할과 책임을 실제보다 작게 인식하려는 경향이 만들어낸 결과라 할 수 있다.

미국 농구 대표팀의 사례도 우리에게 시사하는 바가 크다. 미국은 세계에서 가장 농구를 잘하는 선수들이 모여 있는 나라다. 세계 최고 수준의 미국프로농구NBA를 운영하고 있기 때문이다. 1936년 베를린 올림픽에서 남자농구가 정식종목으로 채택된 이래로 올림픽에서 열두 번이나 우승한 나라이며, 프로농구뿐만 아니라 해마다 3월이면 아마추어인 남자 대학농구로 한바탕 몸살을 앓는 나라이기도 하다. 그래서 세계 각지의 뛰어난 실력을 지닌 농구선수라면 미국 NBA에서 뛰어보길 희망한다. 한마디로 세계 최고 수준의 농구 리그가 바로 NBA이며, 세계에서 가장 농구를 잘하는 나라가 미국이다. 그러니 과연 어느 나라가 이러한 미국 농구의 아성을 넘볼 수 있을까?

미국은 1988년 서울 올림픽까지는 프로선수를 출전시키지 않았다. 세계 농구의 수준을 한수 아래로 여겼기 때문이다. 하지만 서울 올림픽에서 미국 팀은 준결승에서 소련에 져서 동메달을 따는 데 머물고 만다. 서울 올림픽에서 충격을 받은 미국은 1992년 바르셀로나 올림픽에는 최고의 프로농구 선수로 구성된 이른바 '드림팀'을 내보

냈다. 미국의 드림팀에는 이름만 들어도 내로라하는 유명 선수들이 포진되어 있었다. 농구 황제라 불리는 마이클 조던은 물론 찰스 버클리, 매직 존슨 등 흑인 스타플레이어에다 최고의 백인 가드인 존 스탁턴과 래리 버드까지 포함되어 있었다. 그야말로 NBA가 꾸릴 수 있는 최고 선수로 구성된, 말 그대로 드림팀이었다. 초호화 선수로 구성된 드림팀은 압도적인 경기력으로 금메달을 획득했다.

그러나 드림팀의 압도적인 경기력은 그리 오래가지 못했다. 2000년 시드니 올림픽에서 금메달은 땄지만 불안한 모습을 보였던 드림팀은 미국 인디애나폴리스에서 열린 2002년 세계선수권대회에서 6위로 곤두박질쳤고, 2004년 아테네 올림픽에서는 겨우 동메달을 건졌다. 예선을 포함한 여덟 경기에서 5승 3패라는 좋지 않은 성적을 거둔 것이다.

왜 이런 일이 벌어졌을까? 그 이유는 농구가 개인 경기가 아니라 팀으로 하는 경기이기 때문이다. 개개인의 개인기도 중요하지만 그 것보다 중요한 것은 팀워크다. 샤킬 오닐, 코비 브라이언트 등 개개인의 명성과 능력만 놓고 보면 드림팀은 그야말로 세계 최강이 당연해 보였지만, 팀워크를 창출하는 데 실패하면서 명성에 걸맞은 성적을 내기가 좀처럼 쉽지 않았다.

상황이 이렇다 보니 드림팀 감독은 항상 개인의 능력을 높이는 연습보다는 어떻게 하면 개성이 뛰어난 스타플레이어를 하나의 팀으로 묶어서 팀워크를 창출하고 시너지를 만들 것인가를 최우선으로 고민한다. 팀워크가 만들어지지 않으면 역시너지가 날 수도 있기 때문이다.

콜라보 프로젝트도 이와 유사하다. 프로젝트의 성공 여부는 구성원 각자의 역량보다는 어떻게 협력이 잘 이루어지는가에 달려 있다. 콜라보를 진행하다 보면 시너지 효과가 나타날 가능성과 함께 링겔만 효과가 나타날 가능성도 함께 증가한다. 당연한 말이지만, 콜라보 프로젝트에서 조직 구성원 간의 시너지나 집단 지성의 여부는 성과에 결정적 영향을 미친다. 하지만 시너지 효과가 나타날지 아니면 역시너지 효과가 날 것인지는 명확하지 않다. 콜라보를 추진하는 사람이라면 자신들의 프로젝트팀 구성원 간의 상호 관계를 잘 파악하여 시너지와 링겔만 효과의 딜레마 사이에서 어떤 결과가 나올지 항상 고민해야 한다.

협력의 문화를 만들어라

　서로 다른 업무를 진행하던 사람들이 모여서 새로운 콜라보 프로젝트를 진행할 때 서로의 문화적 차이 때문에 협력하지 못하는 경우가 많다. 협업을 하기 전 조직에서 가졌던 문화나 업무방식을 그대로 유지한 채 새로운 프로젝트에 임하기 때문이다. 이러한 문화나 업무방식의 차이는 자칫 서로에 대한 오해를 불러일으키고 상호 협력을 방해하는 기제로 작용하기 쉽다. 따라서 서로 이질적인 문화 속에서 일하던 사람들이 함께 모여 새로운 프로젝트를 진행할 때는 서로 협력하는 문화를 만드는 것이 무엇보다 중요하다.

　콜라보를 방해하는 사일로 현상도 부서 간 협력 문화가 정착되지 않았기 때문에 발생하는 것이다. 앞서 언급했지만, 사일로 현상은 조직의 부서들이 타 부서와는 소통하지 않고 내부의 이익만을 추구하는 부서 이기주의 현상이다. 이러한 현상이 발생하면 부서 간 협력이 어려워지고, 새로운 시너지를 기대하기가 불가능해진다.

부서 이기주의로 대표되는 사일로 현상은 왜 시너지를 해치는 것일까? 부서 이기주의는 자기 부서의 이익을 우선시하는 태도로, 이처럼 각자가 자신의 이익만을 우선시하여 이를 극대화하는 쪽으로 행동했을 때 조직 전체로는 나쁜 결과를 초래하는 경우가 많다. 하지만 달리 생각하면 자기 부서의 이익을 우선시하는 태도를 마냥 나쁜 것으로 매도할 수만은 없지 않을까? 기업 조직에서는 엄연히 성과를 내야만 생존할 수 있고, 정도의 차이는 있겠지만 모든 부서가 자신들의 이익을 우선시하기 때문이다. 어찌 보면 자기 부서의 이익을 우선시하는 태도는 당연한 것처럼 보이기도 한다. 그럼에도 각자가 자신들의 이익에만 몰두하면 왜 전체적으로는 나쁜 결과가 나타나는 것일까?

이러한 현상을 제대로 이해하기 위해서는 게임이론에 나오는 '죄수의 딜레마' 이론을 살펴보면 도움이 될 것이다.

❖ **죄수의 딜레마**

당신은 공범 한 명과 함께 범행을 모의하여 실행하던 중 경찰에게 발각되어 모두 체포되었다. 경찰에서는 범행 사실 중 일부는 확인하였으나 전체 범행 사실에 대한 증거를 확보하지 못해서 두 사람을 각각 다른 방에서 심문하고 있다. 경찰에서는 피의자에게 자백을 받기 위해 다음과 같은 유인책을 제시한다. 경찰이 각자에게 제시한 조건은 다음과 같다.

"만약 한 사람이 자백하면 그는 정상을 참작하여 기존 범행도 무혐의로 처리하여 즉시 석방한다. 이때 자백하지 않은 사람은 가중 처벌되어 징역 10년을 선고받는다. 그런데 둘 다 자백하면 정상참작 없이 모두 5년형에 처한다."

또 당신과 공범 모두 자백하지 않는다면 각각 1년형을 받게 되며, 이러한 사실은 서로 잘 알고 있는 상황이다. 이때 당신이라면 자백하는 것이 좋을까, 아니면 자백하지 않는 것이 좋을까?

〈죄수의 딜레마〉

		용의자 B	
		자 백	자백하지 않음
용의자 A	자백	둘 다 5년	A - 무죄 B - 10년
	자백하지 않음	A - 10년 B - 무죄	둘 다 1년

위 상황은 죄수의 딜레마prisoner's dilemma라는 게임이론이다. 당신이라면 위와 같은 상황에서 어떤 선택을 하겠는가? 얼핏 보면 서로

상대방을 믿고 자백하지 않고 버텨서 둘 다 1년형을 선고받는 것이 최선으로 보인다. 하지만 당신이 위 사건의 실제 용의자라면 자백하지 않는 선택을 할 수 있을까? 한번 생각해보자.

당신이 용의자라면 위와 같은 상황에서는 먼저 어떤 선택이 자신에게 유리한지 생각할 것이다. 자신이 용의자 A라고 생각하고 용의자 A의 입장에서 판단해보자. 만약 상대방(B)이 자백한 경우, A는 자백하면 5년, 자백하지 않으면 10년형을 받게 된다. 어떤 선택이 유리한가? 자백을 하는 게 유리하다. 한편, B가 자백하지 않는 경우라면, A는 자백하면 무죄, 자백하지 않으면 1년형을 받는다. 이 경우에도 자백을 하는 게 유리하다. 결국 당신이 머리가 충분히 좋은 사람이라면 용의자 B가 어떤 선택을 하든 당신은 자백하는 것이 유리하다는 사실을 알게 될 것이므로 현명한 당신은 자백을 하고 말 것이다. 하지만 이러한 계산은 용의자 B의 입장에서도 마찬가지다. 따라서 둘 다 자백을 하게 되고, 결과는 두 사람 모두 5년형을 받게 된다. 이처럼 상대방의 선택이 무엇이든 간에 본인에게 유리하도록 선택하는 전략을 게임이론에서는 우월한 전략dominant strategy이라고 부른다.

그렇다면 본인에게 유리한 것을 선택하는 전략, 즉 우월한 전략은 항상 최선일까? 위의 게임에서도 보았듯이 반드시 그렇지만은 않다. 각자에게 유리한 선택(둘 다 자백)은 전체적으로는 최악의 결과로 이어지기도 한다. 각자가 자기 이익만을 위해 행동하는 것이 전체적으로는 부정적 영향으로 이어질 수 있다는 것이다. 그렇다고 해서 자신의 이익을 포기하고 위험을 감수하기도 쉽지가 않다. 그렇기 때문에 이러지도 저러지도 못하는 상황, 즉 딜레마라고 부르는 이유다. 이처럼 죄수의 딜레마는 각자가 본인에게 최대의 이익을 주는 선택을 할 경우 결국 집단 전체로는 부정적인 결과, 즉 사회적 비용이 발생할 수 있음을 보여주는 이론이다.

죄수의 딜레마 이론은 한편으로는 콜라보의 어려움을 보여주는 현상이기도 하다. 콜라보를 진행할 때 각 개인은 자기의 이익을 우선시하게 된다. 자기 이익을 먼저 생각하는 태도는 인간의 본성이기 때문이다. 개인에게 자신의 이익을 탐하지 말라고 하는 것은 인간 본성에 반하는 것이어서 무작정 사용할 수 있는 방법이 아니다. 하지만 죄수의 딜레마 사례에서도 보듯이, 모두가 자신의 이익만을 추구한다면 전체적으로는 나쁜 결과를 가져오게 된다. 그렇다면 어떻게 해야 할까?

죄수의 딜레마 이론은 콜라보의 어려움을 보여주기도 하지만, 한편으로는 협력의 중요성을 보여주는 사례이기도 하다. 즉, 타인과 함께 하는 일에서는 각자의 이익보다는 공동의 목표를 위해 상호 협력하는 것이 중요하다는 사실을 반증하는 이론이기도 하다. 인간은 누구나 기본적으로 이기적이라는 점을 인정하는 이상 콜라보에서는 죄수의 딜레마와 같은 상황이 발생할 수밖에 없다. 하지만 그럴수록 콜라보 주체들이 상호 신뢰를 바탕으로 협력하려는 자세를 갖는 것이 필요하다. 결국 콜라보 프로젝트를 성공으로 이끌기 위해서는 개인 또는 부서 간 이기주의가 발생할 수 있다는 점을 인식하고, 어떻게 하면 서로 협력하는 문화를 만들지 고민해야 한다. 구성원 간 협력하는 문화가 없이는 시너지도 프로젝트의 성과도 기대하기 어렵다.

❖ 협력의 문화를 만드는 인정의 힘

상호 협력하는 문화를 만들려면 어떻게 해야 할까? 무엇보다 서로 상대방의 존재나 가치를 인정하는 일이 중요하다. 1998년 세계적인 투자은행인 모건스탠리는 사업 시너지를 기대하며 소매중계 금융회사인 딘위터Dean Witter를 인수했다. 그러나 대부분 명문대 출신으로 구성된 모건스탠리 직원들은 서민적인 딘위터 직원들을 자기들보다 수준이 낮다고 여겼다. 결국 합병 이후 양측의 중개인들이 함께 일을 하기 시작했을 때 모건스탠리 소속 중개인들은 딘위터 직원들에 대한 불쾌감을 숨기지 않았다.

이 사례에서 보듯, 세계적인 투자은행인 모건스탠리의 직원들은 자신들이 인수한 딘위터의 직원을 한수 아래로 보고 그들의 능력을 인정하지 않았다. 심지어 '싸구려 양복을 입은 고리대금업자'라고 비아냥거리기까지 했다. 이러한 상황에서는 서로 간 협력이 잘 이루어질 가능성은 없어 보인다. 자신을 인정하지 않는 상대와 협력하는 것은 낙타가 바늘구멍을 통과하기보다 힘든 일이다. 요컨대 협력 문화를 정착시키기 위해서는 상대방을 인정하는 태도가 선행되어야 한다.

《전국책戰國策》〈조책趙策〉에 '사위지기자사 여위열기자용士爲知己者死 女爲悅己者容'이라는 글이 있다. "선비는 자기를 알아주는 사람을 위하여 목숨을 바치고, 여자는 자기를 기쁘게 해주는 사람을 위하여 얼굴을 꾸민다."는 뜻이다. 자세한 내용을 좀 더 알아보자.

진양晋陽의 손자인 예양豫讓은 지백知伯을 모셨는데, 지백이 그를 매우 아꼈다. 나중에 조양자趙襄子가 지백을 죽이자 예양은 산으로 도망쳤다. 예양은 "선비는 자기를 알아주는 사람을 위하여 목숨을 바치고, 여자는 자기를 기쁘게 해주는 사람을 위하여 얼굴을 꾸민다. 내가 지백을 위하여 복수를 해야겠다."라고 말한다.

이후 예양은 이름을 바꾸고, 온몸에 칠을 하고 석탄을 삼켜 다른 사람들이 알아보지 못하도록 하였다. 그러나 몇 번 조양자를 찌르고자 하였으나 모두 조양자에게 발각되고 말았다. 조양자는 그가 의리 있는 사람이라고 생각하여 죽이지 않았다. 마지막으로 조양자를 찔렀을 때 조양자가 이렇게 물었다.

"너는 일찍이 범範씨와 중행中行씨도 모신 적이 있지 않느냐. 지백이 그들을 모두 죽였을 때 너는 그들을 위하여 복수하지도 않고, 오히려 지백의 신하가 되지 않았느냐. 그런데 왜 지백이 죽자 너는 그 복수를 반드시 하려고 하는 것인가?"

이에 예양이 말했다.

"나는 범씨와 중행씨를 모신 적이 있다. 그러나 그들은 모두 나를 여러 신하 중 한 명으로 대우해주었으며, 나도 여러 신하와 마찬가지로 그들을 모셨다. 그러나 지백은 나를 국사로 인정해주었고, 나도 국사로서 그에게 보답하고자 하는 것이다."

원래 범씨와 중행씨는 예양의 지기知己는 아니었다. 그러나 지백은 그를 국사로 보아주었고 진정한 지기였던 것이다. 그러므로 자신의 죽음으로 지백에게 보답하고자 한 것이다.

위 사례와 같이 자신을 알아준 사람, 자신을 인정해준 사람을 위해 목숨을 바친 예양은 극단적인 사례로 해석될 수도 있다. 하지만 다른 사람을 인정하고 존중한다는 것이 얼마나 큰 힘을 발휘할 수 있는지 보여주는 일화이기도 하다. 사람들은 왜 인정받기 원할까? 그것은 인정 욕구가 인간이라면 보편적으로 갖는 기본 욕구이기 때문이다.

독일 사회철학자인 악셀 호네트Axel Honneth는 개인의 자아실현을 가능케 하는 조건으로 인정과 무시를 들었다. 인정이란 '개인이나 집단의 자기의식이나 정체성과 관련하여 상대방을 긍정하는 행동'을 말한다. 사람들은 기본적으로 타인에게 인정받고 싶어 한다. 타인의 인정을 통해 집단 속에서 자신의 정체성을 확인할 수 있기 때문이다. 반면, 무시란 '인정받고 싶어 하는 사회적 기대가 타인에 의해 무산되는 체험'이라고 할 수 있다. 가령 노래방에서 열심히 노래를 부르는데 아무도 호응해주지 않고 자기들끼리 대화만 하고 있을 때 느끼는 감정이 바로 그것이다.

그런데 사람들은 누군가에게 인정받았을 때 자신을 인정해준 상대방을 긍정하게 된다. 반대로 무시당했다는 느낌이 들면 기분이 나빠지고, 자신을 무시한 상대를 증오하게 된다. 그 결과 자신을 무시하는 대상이나 집단과의 관계를 멈추거나 심하면 아예 관계 자체를 끊어버리고 싶어지기도 한다. 노래방에서 자신이 부르는 노래를 아무도 들어주지 않을 때는 노래를 멈추고 뛰쳐나가고 싶은 심정이 드는 것도 이와 같은 이치다.

호네트는 이러한 태도를 '사회적 투쟁'이라고 표현했다. 요컨대 누군가에게 인정을 받았을 때는 긍정적 반응을 보여 상대방에게도 호의를 보이지만, 무시를 당했을 때는 부정적인 자아가 형성되어 사회적 투쟁을 하게 된다. 따라서 협력 문화를 형성하려면 먼저 상대방을 인정하는 태도를 갖추는 것이 중요하다.

❖ 인정의 구체적인 방법

그렇다면 어떻게 상대방을 인정할 것인가? 악셀 호네트는 상대방을 인정하는 방법으로 세 가지 유형을 제시했다. 첫 번째가 '사랑'이다. 인간은 타인과의 관계에서 사랑이라는 인정을 경험하면서 자신감이라는 긍정적 자기의식을 형성한다. 즉, 타인의 사랑을 경험하면 할수록 당사자는 자신의 욕구와 필요를 충족할 수 있고, 또한 언제든지 보살핌을 받을 수 있다는 믿음을 갖기 때문에 매사에 자신감 있게 행동한다는 것이다. 호네트에 따르면, 이러한 사랑이라는 인정 경험이 단지 사적인 관계에서만 이루어지는 것은 아니다. 어려움에 처한 사람에게 도움을 주고 배려하는 문화적 풍토가 조성된 사회라면 그 사회 구성원도 자신감을 갖는다고 한다.

두 번째 인정 방법은 '권리 부여'다. 인간은 권리 부여라는 사회적 인정을 경험하면서 자존심이라는 긍정적 자기의식을 형성한다. 사회의 정상적인 구성원들이 향유하는 제도적 권리가 자기 자신에도 부여될 때, 개인은 남들과 마찬가지로 사회로부터 존중받고 있다고 느끼는 것이다. 이에 대한 심리적 동반 현상으로 자신에 대한 존중의식을 갖게 된다. 또한 타인과 동등한 권리가 보장될 때 긍정적 자기의식을 갖는다는 말은, 역으로 동등한 권리가 부여되지 않았을 때 긍정적 자기의식을 갖기 어렵다는 말이기도 하다. 가령 회의를 하는데 자신에게 동등한 발언 기회가 주어지지 않을 경우에는 긍정적 자기의식을 갖기가 어려울 것이다.

세 번째는 '사회적 연대'다. 인간은 사회적 연대를 경험하면서 자부심 또는 자긍심에 해당하는 긍정적 자기의식을 형성한다. 자신이 그 사회에서 가치 있는 존재라고 인식할 때 자부심이나 자긍심을 가질 수 있다는 말이다. 이는 다른 구성원들로부터 받는 가치 평가가 영향을 미치는 것인데, 가령 축구 동호회 모임에서 에이스라는 평가를 받는 사람이 해당 축구 동호회 멤버로서 긍지를 더 크게 가질 뿐 아니라, 팀원 간에 강한 연대를 체험하게 된다.

인간은 기본적으로 인정 욕구를 가졌다는 점을 이해하고, 타인으로부터 받았던 인정 경험이 개인에게는 자신감, 자신에 대한 존중의식, 자부심, 자긍심 등의 긍정적 자기의식으로 이어진다는 것을 명심해야 한다. 이러한 인정의 결과가 서로에 대한 긍정적인 반응으로 나타나 결국 협력을 촉진하는 문화를 만드는 기반이 된다. 따라서 콜라보를 추진하는 과정에서 협력 문화를 구축하기 위해서는 먼저 구성원 서로가 사랑, 권리 부여, 사회적 연대의 방법을 통해 인정 경험을 느낄 수 있도록 노력해야 한다.

레오나르도 다빈치가 최초로 그린 회화

프랑스 파리의 루브르 박물관에는 유명한 〈모나리자〉라는 작품이 있다. 누구의 작품인지 아는가? 너무 쉬운 질문이라고? 맞다. 누구나 알고 있었겠지만, 르네상스 시대의 화가 레오나르도 다빈치의 작품이다. 다빈치는 〈모나리자〉뿐만 아니라 〈최후의 만찬〉을 그린 화가로도 유명하다. '왜 이런 쉬운 질문을 했을까' 하고 의아해하는 사람이 있을지 모르겠다. 걱정할 필요 없다. 앞의 질문은 좀 더 어려운 질문을 던지기 위한 예비 동작이었으니까. 이제 진짜 질문을 드리겠다.

레오나르도 다빈치가 최초로 그린 회화 작품을 아는가? 만약 이 질문에 답할 수 있는 사람이라면 미술품에 대한 지식이 상당한 정도로 축적된 사람일 것이다. 아마도 대부분의 사람은 잘 모를 것이다. 정답은 아래에 있는 〈그리스도의 세례〉라는 작품이다. 이 그림은 요르단 강에 발을 담그고 나체로 서 있는 예수에게 강가에서 세례를 베푸는 요한의 모습을 담고 있다.

콜라보의 산물인 〈그리스도의 세례〉_ 왼쪽 하단의 천사들은 다빈치가, 중앙의 예수는 다빈치의 동료인 보티첼리가, 오른쪽에 있는 세례 요한은 다빈치의 스승인 베로키오가 그렸다. 한마디로 이 그림은 스승과 제자가 협력하여 탄생시킨 콜라보레이션 작품이다.

〈그리스도의 세례〉 중
다빈치가 그린 부분

　그런데 이 그림을 그린 진짜 주인공은 베로키오라는 화가다. 안드레 델 베로키오는 다빈치의 스승으로, 이 그림은 베로키오와 그의 제자인 보티첼리와 다빈치가 함께 그린 작품이다. 다빈치의 공방 친구인 보티첼리는 〈비너스의 탄생〉이라는 작품으로 유명한 화가다.

　그럼 다시 〈그리스도의 세례〉라는 작품으로 돌아가보자. 그림에서 다빈치가 그린 부분은 어디일까? 왼쪽 하단의 천사들이 다빈치가 그린 부분이다. 보티첼리는 중앙에 있는 예수를, 스승인 베로키오는 오른쪽에 있는 세례 요한을 그렸다. 한마디로 이 그림은 스승과 제자가 협력하여 만든 콜라보레이션 작품이다.

　다빈치가 처음으로 그린 회화 작품을 보면 그가 잘 그렸다고 느껴지는가? 오른쪽에 다빈치의 스승인 베로키오가 그린 부분과 비교해보라. 다빈치는 이 그림을 그리기 전까지는 회화를 그린 적 없이 공예품만 만들었다고 한다. 그런데 스승과의 콜라보를 통해 처음 회화에 도전한 것이다. 스승인 베로키오는 이 그림을 그린 제자의 뛰어난 실력에 감탄하여 더 이상 회화를 그리지 않겠다고 선언하고, 실제 그 뒤로는 조각에만 전념했다고 한다. 결국 〈그리스도의 세례〉는 스승인 베로키오에게는 마지막 작품이면서, 다빈치에게는 첫 번째 회화 작품인 셈이다. 그때 발견한 다빈치의 천재성은 그 이후 더욱 발전하여 〈모나리자〉, 〈최후의 만찬〉 등 인류사에 길이 남을 명화들로 이어졌다.

　파리에 있는 루브르 박물관에서 관람객들에게 가장 인기 있는 그림은 단연코 〈모나리자〉다. 우리가 〈모나리자〉와 같은 명화를 보고 경탄을 자아낼 수 있었던 것도 스승인 베로키오와의 콜라보가 있었기에 가능한 일이었다. 만약 스승인 베로키오와의 콜라보가 없었다면 인류는 다빈치의 걸작도, 보티첼리의 명화도 볼 수 없었을지도 모른다. 같은 공방에 있는 스승과 제자와의 콜라보가 있었기에 제자들의 천재성이 빛을 발할 수 있었고, 서로가 서로에게 영향을 주고받으면서 시너지를 창출할 수 있었던 것이다.

COLLABORATION
SMART REVOLUTION
CREATIV

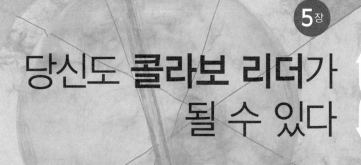

5장

당신도 콜라보 리더가
될 수 있다

콜라보를 성공으로 이끄는
리더의 특징

❖ **내 안에 있는 콜라보 DNA를 일깨워라**

1963년 8월 28일, 구름이 거의 없는 하늘 아래 25만여 명의 시민들이 일자리와 자유를 위한 회합을 위해 워싱턴의 링컨 기념관 근처에 모였다. 대부분의 시민은 피부색이 검은 흑인이었으나 백인도 5분의 1을 차지하고 있었다. 연단에 나선 마틴 루터 킹 목사는 "나에게는 꿈이 있습니다"라는 말로 연설을 시작했다. 인종 차별을 반대하고 자유를 노래하는 그의 연설은 수많은 청중들의 공감을 불러일으켰다. 광장에 모인 25만의 시민들은 피부색과 관계없이 모두 한마음이 되어 자유의 노래를 불렀다. 여기서 마틴 루터 킹 목사의 연설 내용을 한번 살펴보자.

나에게는 꿈이 있습니다.

언젠가 이 나라가 모든 인간은 평등하게 태어났다는 것을 자명한 진실로 받아들이고, 그 진정한 의미를 신조로 살아가게 되는 날이 오리라는 꿈입니다.

언젠가는 조지아의 붉은 언덕 위에 예전에 노예였던 부모의 자식과 그 노예의 주인이었던 부모의 자식들이 형제애의 식탁에 함께 둘러앉는 날이 오리라는 꿈입니다.

언젠가는 불의와 억압의 열기에 신음하던 저 황폐한 미시시피 주가 자유와 평등의 오아시스가 될 것이라는 꿈입니다.

나의 네 자녀들이 피부색이 아니라 인격에 따라 평가받는 그런 나라에 살게 되는 날이 오리라는 꿈입니다.

오늘, 나에게는 꿈이 있습니다. (……)

그날은 하나님의 모든 자식들이 새로운 의미로 노래 부를 수 있는 날이 될 것입니다.

"나의 조국은 자유의 땅, 나의 부모가 살다 죽은 땅, 개척자들의 자부심이 있는 땅, 모든 산에서 자유가 노래하게 하라."

미국이 위대한 국가가 되려면 이것은 반드시 실현되어야 합니다. 그래서 자유가 뉴햄프셔의 거대한 언덕에서 울려 퍼지게 합시다. 자유가 뉴욕의 큰 산에서 울려 퍼지게 합시다. 자유가 펜실베이니아의 앨러게니 산맥에서 울려 퍼지게 합시다. 콜로라도의 눈 덮인 로키 산맥에서도 자유가 울려 퍼지게 합시다. 캘리포니아의 굽이진

마틴 루터 킹 목사_ 1963년 8월, 킹 목사는 그 유명한 "나에게는 꿈이 있습니다."라는 말로 시작하는 연설로 큰 반향을 불러일으켰다.

산에서도 자유가 울려 퍼지게 합시다. 조지아의 스톤 마운틴에서도 자유가 울려 퍼지게 합시다.

이날 킹 목사의 연설 내용은 지금까지 미국 역사상 가장 뛰어난 명연설로 기억되고 있다. 그의 연설이 감동적인 이유는 무엇일까? 그가 사람들의 가슴을 뛰게 만들었기 때문이다. 무엇으로? 흑인 소년소녀와 백인 소년소녀가 함께 손을 잡고 걸어가는, 자신의 간절한 꿈을 통해 청중들의 공감을 불러일으킨 것이다. 킹 목사는 민주와 자유를 노래하는 감동적인 연설로 인종과 피부색, 배경을 초월한 다양한 사람들을 하나로 묶어서 자유민주주의의 나라, 미국의 꿈을 함께 나누었다.

　다양한 이해관계를 가진 사람들을 하나의 꿈으로 통합하는 것, 이것이 콜라보의 시작이다. 한마디로 목표를 향해 집중시킬 수 있는 능력, 구성원들에게 잠재되어 있는 콜라보 DNA를 일깨우는 노력이 중요하다. 이러한 능력을 가진 사람이 '콜라보 리더'인 것이다. 킹 목사의 연설이 그랬듯이, 자신은 물론 다른 구성원들의 잠재된 콜라보 DNA를 일깨우는 방법을 지금부터 살펴보기로 하자.

❖ 경쟁하게 할 것인가, 협력하게 할 것인가

　당신은 프로야구 팀 감독이다. 당신의 목표는 이번 시즌에 우승하는 것이다. 당신의 팀은 지난 몇 년 동안 매번 우승을 노렸지만 번번이 우승 직전에 고배를 마셔야 했다. 해서 올해는 무슨 일이 있더라도 우승을 해야 할 상황이다. 고대하던 우승을 위해서 당신은 선수단을 효과적으로 잘 이끌어야 한다.

　야구감독으로서 당신은 팀을 승리로 이끌기 위해 선수들을 어떻게 관리하는 것이 좋을까 고민했다. 다음 중 어떤 방법이 더 효과적일까?

[A] 선수끼리 경쟁을 시킨다.

[B] 선수끼리 협력하게 한다.

감독인 당신 앞에는 두 가지 선택이 놓여 있다. 경쟁과 협력이 바로 그것이다. 당신이라면 어떤 선택을 하겠는가? 세상사가 모두 그러하듯, 모든 일에는 유일한 정답이란 존재하지 않는다. 무릇 모든 선택에는 긍정적인 면과 부정적인 면이 동시에 존재하는 법이다. 여기서도 마찬가지다. 프로야구 감독으로서 선수들을 경쟁 위주로 관리할 것인가, 아니면 협력을 중시할 것인가의 선택은 절대적으로 옳고 그름이 있는 것이 아니라, 각각에 따른 장단점이 존재할 뿐이다. 그렇다면 각각의 장단점은 무엇일까?

먼저 경쟁을 선택한 경우를 생각해보자. 주전과 후보를 미리 정해두지 않고 치열한 경쟁을 통해 잘하는 사람을 주전 선수로 기용하겠다고 한다면 선수들은 기본적으로 열심히 훈련에 임할 것이다. 다른 사람보다 뛰어나야 주전 선수가 될 수 있으니까. 아마도 선수들은 스스로 알아서 열심히 훈련을 할 것이고, 이것은 감독이 경쟁체제를 선택했을 때 이미 염두에 두었던 기대효과일 것이다. 단점은 없을까? 당연히 있다. 서로 경쟁에서 이기려고만 하다 보면 다른 선수와 협력하거나 도와주는 것을 기피하는 현상이 발생할 수 있다. 서로 협력하기보다 배타적 관계가 되어 팀워크를 해칠 수도 있다.

반대로, 협력을 선택했을 경우에는 어떨까? 서로 간의 관계는 협력적이고 우호적으로 진행될 수 있다. 하지만 협력적 관계 때문에 스스로 훈련하려는 노력을 게을리하기 쉽고, 무임승차자가 발생할 수도 있다. 앞에서 언급했던 링겔만 효과가 발생할 수도 있는 것이다.

결국 경쟁과 협력 중 어느 쪽이 더 효과적이라고 단정할 수는 없다. 각각 장점과 단점이 공존하고 있기 때문이다. 프로야구 팀의 특성을 감안한다면 경쟁과 협력 중 어느 쪽이 더 나은 선택일까? 이 역시 간단하게 결론을 내리기 어렵다. 팀의 기본 역량이나 선수끼리의 친밀감, 선수단의 구성이나 분포 등 여러 요인에 따라 그 작용이 달라지기 때문이다.

그렇다면 콜라보 프로젝트를 이끄는 리더는 어떤 선택을 하는 것이 좋을까? 경쟁일까, 아니면 협력일까? 결론부터 말하면, 콜라보 프로젝트에서는 경쟁보다는 협력적 관계가 더 우선되어야 한다. 콜라보 프로젝트는 특성상 기존에는 하지 않았던 새로운 일을 시도하는 것이기 때문에 불확실성이 높다. 처음 하는 일이 많다 보니 예측한 대로 진행되지 않는 경우가 많다. 이런 상황에서는 구성원끼리 협력하여 유기적으로 대응하는 것이 무엇보다 중요하다. 멤버들끼리의 경쟁 상황에서는 불확실성에 대한 대처가 어려울 수밖에 없기 때문이다. 콜라보 프로젝트에서 경쟁보다는 협력이 중요한 또 다른 이유는 멤버들의 이질성도 한몫한다. 대체로 프로젝트의 멤버들은 서로 손발을 맞춰본 경험이 적다. 따라서 협력적 관계를 통해서 조화를 이루는 일이 무엇보다 선행되어야 한다.

❖ 콜라보 리더에게 필요한 세 가지

콜라보 프로젝트를 성공으로 이끄는 콜라보 리더가 되기 위해서는 먼저 자신은 물론 구성원들의 콜라보 DNA를 일깨우고, 서로 경쟁하기보다는 협력할 수 있도록 이끄는 것이 필요하다. 그렇다면 이러한 역할을 잘 수행하기 위해 콜라보 리더에게 필요한 역량은 무엇일까? 크게 세 가지 관점에서 제시하고자 한다.

(1) 카리스마

카리스마charisma는 신의 은총을 뜻하는 그리스어 'Khárisma'에서 유래한 말로 초능력이나 절대적인 권위를 의미하지만, 일반적으로 사람들을 심복시켜 따르게 하는 능력이나 자질을 뜻하는 말이다. 줄여서 표현하면 다른 사람을 '따르게 하는 능력'이다. 카리스마는 구성원들로 하여금 불확실한 상황에서도 그를 믿고 그가 말하는 대로 행동하게 만든다.

"신에게는 아직 12척의 배가 남아 있습니다."

명량해전을 앞두고 이순신 장군이 한 말로 유명하다. 달랑 12척 남은 배로 133척의 적 함선과 맞서 싸우는 일은 자칫 달걀을 바위에 부딪치는 것처럼 무모해 보인다. 하지만 조선 수군은 죽음을 무릅쓰고 용감하게 싸웠고 결국 세계사에 길이 남을 대승을 거두었다. 위대한 승리의 배경에는 이순신 장군의 강력한 카리스마가 있었기에 가능한 일임은 두말할 나위도 없다. 이처럼 카리스마는 구성원들로 하여금 어려운 상황에서도 목표를 향해 나아가게 만든다.

(2)포용력

콜라보 리더에게는 포용력이 있어야 한다. 포용력이란 다른 사람을 포근하게 감싸주거나 받아들이는 힘이다. 프로젝트 조직은 아무래도 서로 다른 성향의 사람들이 모이는 곳인 만큼 나와 다름을 당연한 것으로 이해하고 받아들이는 것이 무엇보다 중요하다. 앞서도 언급했지만, 구성원들 간의 이질성이야말로 시너지를 창출할 수 있는 조건이다. 만약 포용력이 없다면 특정한 사람, 대개는 자신과 성향이 비슷하고 코드가 잘 맞는 사람만 편애하고 나머지 사람들을 배척하는 결과를 낳아 협력 분위기를 해치게 된다.

(3) 소통 능력

마지막으로 콜라보 리더는 다양한 구성원들과 소통할 수 있는 능력을 갖추어야 한다. 이를 위해서는 먼저 구성원과 개방적으로 소통할 분위기를 조성해야 한다. 그렇게 되면 서로가 숨김없이 진심을 터놓고 서로를 신뢰하게 되어 자연스럽게 상호 협력이 이루어지는 것이다.

이처럼 콜라보 리더에게는 크게 카리스마와 포용력, 소통 능력이 필요하다. 이러한 능력을 갖춘 사람만이 구성원들을 믿고 따르게 만들며, 이질적인 구성원들을 감싸주고 받아들여 허심탄회하게 소통하며 서로 협력하게 만든다. 콜라보 리더에게 필요한 세 가지 역량에 대해서 좀 더 구체적으로 살펴보기로 하자.

카리스마로 열정과 몰입을 불러일으켜라

❖ 카리스마는 열정으로 드러난다

카리스마는 불확실성 앞에서도 주저함 없이 리더를 믿고 행동하게 만드는 능력을 말한다. 이를 달리 표현하면, 콜라보 리더는 카리스마를 통해 구성원들로부터 열정과 몰입을 이끌어내는 능력이 탁월해야 한다. 어려움이나 불확실성이 상존하는 상황에서도 리더를 믿고 주저하지 않고 돌진하는 힘이 바로 열정과 몰입이기 때문이다. 한마디로 구성원의 열정과 몰입을 끌어내는 힘이 콜라보 리더에게 필요한 카리스마다.

열정이란 어떤 일에 열렬한 마음을 가지고 열중하는 마음을 뜻한다. '열정' 하면 무엇이 가장 먼저 떠오르는가? 혹시 두 명의 일본 작가가 함께 쓴 유명한 연애소설 《냉정과 열정 사이》라는 책을 읽은 적이 있는가? 소설의 줄거리는 대략 이렇다.

뜨겁게 사랑했던 연인이 오해 때문에 헤어졌다. 그러나 둘은 아직 서로를 잊지 못하는 상태다. 세월이 흘러 둘은 다시 재회하게 되는데, 냉정과 열정은 다시 재회한 두 사람의 마음가짐을 대변하는 단어다. 여성은 '냉정'하게 제자리로 돌아간 반면, 남성은 '열정'적으로 사랑을 불태우려 한다.

아무튼 사랑의 열정에 사로잡힌 사람은 상대를 향해 무작정 돌진하려 한다. 혹시 나중에 후회하지 않을까, 이것 때문에 문제가 생기지는 않을까 하는 고민은 생각지도 않는다. 그 사람에게 집중하는 것이다. 이처럼 앞뒤 따지지 않고 눈앞에 있는 대상에게 집중하는 상태가 바로 열정이다. 열정에 사로잡힌 사람은 거칠 것이 없다. 물불을 가리지 않고 앞뒤도 따지지 않는다. 대개 열정적 사랑에는 위험이 뒤따르기도 하지만 당사자는 이런 것에 개의치 않는다. 그래서 더없이 달콤하지만 위태롭기도 하다.

그런데 성공한 사람은 모두 열정을 불태웠던 사람이라는 사실을 아는가? 자신의 분야에서 최고의 자리에 올랐거나 남들보다 탁월한 성취를 이룬 사람은 모두 자신의 일에 열정을 가졌다는 공통점이 있다. 열정이 없이는 성취도 없는 법이다. 열정을 가진 사람은 그 대상에 몰입한다. 몰입이란 깊이 파고들거나 빠지는 상태를 말한다. 열정적인 사랑을 하는 사람은 상대방에게만 집중하고 그(그녀)에게 빠져든다. 일을 열정적으로 하는 사람은 자신의 일에 깊이 파고든다.

그러니 남다른 성취가 있을 수밖에 없다.

그래서 열정과 몰입은 동색同色이다. 열정에 빠지면 몰입하게 되고, 무엇인가에 몰입하고 있는 사람을 우리는 '열정적'이라고 부른다. 21세기 최고의 혁신 CEO라 불렸던 스티브 잡스도 열정의 삶을 살았던 것으로 잘 알려져 있다. 그의 삶에 대한 철학은 2005년 스탠퍼드대학교 졸업식 연설에서 잘 나타나 있다. 다음은 그가 한 연설의 일부다.

나는 지난 33년간 아침마다 거울을 보면서 이렇게 묻습니다. "오늘이 내 인생의 마지막 날이라면, 내가 오늘 하려고 하는 일을 할 것인가?" 며칠 연속 'No'라는 답을 얻을 때마다 나는 무언가 변화가 필요하다는 것을 알게 됩니다. 곧 죽는다는 생각은 인생의 결단을 내릴 때마다 가장 중요한 도구였습니다. 죽음 앞에서는 외부의 기대, 자부심, 당혹감, 실패의 두려움은 모두 떨어져 나가고 오직 진실로 중요한 것만 남기 때문입니다. 죽음을 생각한다는 것은 무엇을 잃을지도 모른다는 두려움에서 벗어나는 최고의 길입니다. (……)

죽음은 삶을 대신하여 변화를 만듭니다. (……)

여러분의 시간은 한정되어 있습니다. 따라서 다른 사람의 삶을 사느라 시간을 낭비하지 마십시오. (……)

가장 중요한 것은 가슴과 영감을 따르는 용기를 내는 것입니다.
(……)
늘 갈구하라, 늘 우직하게Stay hungry, Stay foolish.

짧은 생을 화려하게 살았던 스티브 잡스, 그가 삶을 열정적으로 살 수 있었던 비결은 죽음에 있었다. 그는 "오늘이 내 인생의 마지막 날이라면, 내가 오늘 하려고 하는 일을 할 것인가?" 하는 질문을 끊임없이 되뇌며 살았다고 한다. 항상 죽음을 염두에 두는 순간, 인생에서 가장 가치 있는 일이 남게 되고 그 일에 열정과 몰입을 다할 수 있기 때문이다. 콜라보 달인이 된다는 것은 이렇게 열정적인 리더가 된다는 것을 전제로 한다. 여기서 끝이 아니다. 자신뿐만 아니라 구성원들도 열정과 몰입을 할 수 있게 만들어야 한다. 콜라보 프로젝트의 성공은 전체 구성원들이 열정을 다해 몰입했을 때만 가능한 일이기 때문이다.

❖ 구성원의 열정과 몰입을 이끌어내는 방법

콜라보 리더는 자신이 열정과 몰입을 해야 함은 물론, 구성원으로부터 열정과 몰입을 이끌어내야 한다. 어떻게 하면 다른 사람으로부터 열정과 몰입을 이끌어낼 수 있을까? 미 해군대학원 경영학과 교수인 케네스 토머스Kenneth Thomas 교수에게서 힌트를 얻어보자. 그는 자신의 저서《열정과 몰입의 방법》에서 스티브 잡스와 비슷한 주장을 했다. 그는 사람들이 다음의 네 가지 조건이 충족되면 일에서 재미와 열정을 느끼게 된다고 주장했다. 그 네 가지는 바로 '가치, 선택, 역량, 발전'이다.

[열정과 몰입을 불러일으키는 네 가지 조건]
(1) 가치: 자신이 가치 있는 일을 하고 있다고 느낄 때
(2) 선택: 그 일을 할 때 자신에게 선택권이 있다고 느낄 때
(3) 역량: 그 일을 할 만한 기술과 지식이 있다고 느낄 때
(4) 발전: 자신이 실제로 발전하고 있다고 느낄 때

(1) 가치: 자신이 하고 있는 일에 가치와 의미를 부여하라

자신이 하고 있는 일의 가치를 어떻게 느끼는가에 따라서 일에 대한 몰입도가 달라진다. 예를 한번 들어보자. 여기 두 명의 청소부가 있다. 그들은 자신이 하는 일을 사람들에게 설명해주고 있다. 그러나 두 사람의 설명은 사뭇 달랐다.

[청소부 A] 나는 지금 지구촌 한 모퉁이를 깨끗하게 만들고 있습니다.

[청소부 B] 나는 지금 거리를 쓸고 있습니다.

누가 더 열정적으로 몰입해서 일을 할까? 당연히 청소부 A일 것이다. A가 B보다 자신이 하는 일을 더 가치 있게 생각하고 있기 때문이다. 자신이 하는 일을 가치 있는 것으로 해석할수록 열정과 몰입의 정도도 강해지는 것이다.

최근 들어 많은 기업에서 구성원을 몰입시키기 위해 자신들의 업무를 가치 있는 표현으로 바꾸고 있다. 세계적인 제약회사인 존슨앤존슨은 자신들의 존재 가치를 '신약을 개발하는 회사'라고 표현하지 않고, '인류의 고통을 경감시키는 회사'라고 표현한다. 단순히 제약회사가 아니라 인류의 고통을 줄이는 사회적 책임까지 포함해서 그럴듯하게 포장하여 표현하고 있다. 금융회사인 시티은행의 경우에도 대출금리가 싸다거나 안전한 금융회사 등으로 표현하지 않고, '전 세계 10억 명의 고객들에게 금융의 자유를 선사하는 회사'라고 가치를 높여 설명한다. 이처럼 자신들이 하고 있는 일에 의미를 부여하고 가치를 높이면 구성원들의 몰입도도 자연히 높아진다.

기업뿐만이 아니다. 개인도 마찬가지다. 보험설계사의 명함에도 보험상품 판매원이나 영업사원이라고 말하지 않고 'Financial Life Planer'라는 그럴듯한 명칭을 붙인다. 자동차 영업사원을 'Auto Manager'라고 부르는 것도 동일한 이치다. 우정사업본부에서는 우편집배원을 '사랑의 메신저'라고 부른다. 단순히 우편물을 배달하는 사람이 아니라 사랑을 전하는 사람이라는 의미를 부여하고 있다. 자신들이 하는 일의 가치를 스스로 높이려는 노력의 일환이다.

왜 그러는 것일까? 당연한 말이지만, 사람들은 자신이 하고 있는 일이 가치 있다고 느낄수록 더 많은 애정을 쏟고 몰입하기 때문이다. 따라서 콜라보를 추진하는 리더는 자신들이 하는 일이나 존재 이유 등에 가치를 부여함으로써 구성원들의 열정과 몰입을 이끌어낼 수 있어야 한다.

(2) 선택: 선택권이 자신에게 있으며, 자신이 그 일을 선택했다고 믿게 만들어라

사람들은 자신이 선택한 일에 최선을 다하고 책임을 지려 한다. 자신이 선택한 일이 아닌 경우에는 열심히 하지도 않을뿐더러 결과에도 책임감을 덜 느끼게 마련이다. 한마디로 자신이 선택한 일에만 주도성을 갖고 임한다.

따라서 콜라보를 추진하는 리더라면 구성원들이 그 일을 스스로 선택했다는 점을 인지시킴으로써 열정과 몰입을 이끌어낼 수 있다. 또 그 일을 하는 과정에서도 자신에게 선택권이 있다는 점을 주지시켜 주도적 업무 수행이 가능하도록 해야 한다.

그런데 따지고 보면 우리가 하는 모든 일이나 관계는 모두 스스로가 선택한 결과다. 현재 자신의 모습은 과거에 본인이 선택한 결과일 뿐이다. 현재 자신이 다니는 직장, 현재 자신이 하고 있는 일, 현재 자신이 만난 친구나 배우자 모두 한때 자신이 선택한 결과다. 그렇지 않은가? 엄밀하게 따져서 자신이 선택하지 않은 결과는 없다. 하지만 사람들은 현재 자신의 모습이 자신이 선택한 결과가 아니라고 생각하는 경우도 많다. 특히 자신이 원치 않는 상황이나 결과라면 더욱 그러하다.

실제 프로젝트를 진행하다 보면 자신은 선택하지 않았지만 조직의 뜻에 따라서 어쩔 수 없이 프로젝트에 참여했다고 생각하는 사람이 간혹 있다. 이러한 사람은 대개 열정적으로 프로젝트에 참여하지 않는다. 자신이 선택하지 않은 일, 다시 말해 어쩔 수 없이 하는 일이라고 믿기 때문이다. 하지만 이는 잘못된 생각이다. 원하지 않았다 하더라도 현재 프로젝트에 참여했다면 그것은 엄연히 자기 선택의 결과다. 원하지는 않았을지 몰라도 어쨌든 (참여하기로) 선택은 한 것이다. 리더는 이런 구성원에게 자신이 선택한 결과임을 인지시켜서 몰입을 이끌어낼 수 있어야 한다.

(3) 역량: 자신에게 그 일을 잘할 수 있는 지식과 기술이 있음을 인지시켜라

사람들은 자기가 잘하는 분야의 일을 할 때 대체로 열정과 몰입을 다한다. 가령 축구 시합을 하면 스스로 축구를 잘한다고 생각하는 사람은 누가 시키지 않아도 주전으로 뛰겠다고 나선다. 다른 종목의 경우도 마찬가지다. 왜 그럴까? 스스로 그 일을 잘한다고 믿기 때문이다. 즉 자신의 능력을 믿는 것이다. 잘할 자신이 없거나 자신에게 그만한 역량이 없다고 생각하면 아무래도 앞에 나서서 열정적으로 참여하기가 어렵다.

콜라보 프로젝트를 진행할 때도 마찬가지다. 구성원들에게 그 일을 잘할 만한 자질과 실력이 있음을 인식시킨다면 그 구성원은 스스로 열정적으로 참여할 것이다. 이처럼 구성원에게 그 일을 잘할 수 있는 역량이 있음을 인지시키려면 리더는 평소에 구성원 개개인에게 관심을 가지고 어떤 일을 잘할 수 있는지 장단점을 잘 파악해둬야 한다.

(4) 발전: 구성원의 능력이 조금씩 발전하고 있음을 인지시켜라

남들보다 잘하지 못하더라도 조금씩 나아지고 있다고 느끼면 열정과 몰입이 생긴다. 왜냐하면 조금씩 발전하고 있다는 점을 인식한 사람은 계속해서 발전하기 위해 노력하기 때문이다. 학교에서 '성적 우수상'만 있는 것이 아니라 '성적 진보상'이 있는 이유도 이와 같다. 탁월하지는 않지만 과거에 비해서 실력이 조금씩 향상된다는 사실만으로도 충분히 동기부여가 되고 몰입이 생기기 때문이다. 따라서 리더가 구성원들이 과거보다 조금씩 역량이 향상되고 있음을 발견하고 이를 인식시키는 것은 구성원들의 열정과 몰입을 불러일으킬 수 있는 좋은 동기부여가 될 수 있다.

사물 인터넷의 원리 – 콜라보

　　최근 사물 인터넷Internet of Things이 이슈다. 사물 인터넷이란 인터넷을 기반으로 모든 사물을 연결하여 사람과 사물, 사물과 사물 간의 정보를 상호 소통하는 지능형 기술 및 서비스를 말한다. 영어 머리글자를 따서 '아이오티IoT'라 약칭하기도 한다. 이 용어는 1999년 매사추세츠공과대학교MIT의 오토아이디센터Auto-ID Center 소장 케빈 애슈턴Kevin Ashton이 향후 RFID(전파식별)와 기타 센서를 일상생활에 사용하는 사물에 탑재한 사물 인터넷이 구축될 것이라고 전망하면서 처음 사용한 것으로 알려져 있다.

사물 인터넷_ 다양한 정보의 융합을 통한 새로운 시대를 창조하는 중심에 사물 인터넷이 있고, 그 핵심 원리 속에서 콜라보의 힘을 발견하게 되는 것은 결코 우연이 아니다.

　　사물 인터넷은 사물이 인간에 의존하지 않고 통신을 주고받는 점에서 기존의 유비쿼터스나 M2M(Machine to Machine: 사물지능통신)과 비슷하기도 하지만, 통신 장비와 사람과의 통신을 주목적으로 하는 M2M의 개념을 인터넷으로 확장하여 사물은 물론이고 현실과 가상세계의 모든 정보와 상호작용하는 개념으로 진화한 단계라고 할 수 있다. 최근에는 가전제품, 전자기기뿐만 아니라 헬스 케어, 원격 검침, 스마트 홈, 스마트 카 등 다양한 분야에서 사물을 네트워크로 연결해 정보를 공유할 수 있게 됐다. 웨어러블 기기들도 모두 이 기술을 기반으로 만들어졌다.

　　미국은 이미 이 같은 기반 시설을 구축하고 적극적으로 사물 인터넷을 활용하고 있다. 대표적으로 월트디즈니 놀이공원은 미키마우스 인형의 눈과 코, 팔, 배 곳곳에 적외선 센서와 스피커를 탑재해 놀이공원 정보를 수집한다. 이 인형은 실시간으로 디즈니랜드 정보 데이터를 습득해 관람객에게 정보를 알려준다. 어떤 놀이기구 줄이 가장 짧은지, 지금 방문객 위치가 어디인지, 오늘 날씨는 어떤지 따위의 정보를 그때그때 상황에 맞춰 알려주는 식이다.

자동차 회사인 포드는 신형차 '이보스'에 사물 인터넷을 적용했다. 이보스는 거의 모든 부품이 인터넷으로 연결돼 있다. 만약 자동차 사고로 에어백이 터지면 센서가 중앙관제센터로 신호를 보낸다. 센터에 연결된 클라우드 시스템에서는 그동안 발생했던 수천만 건의 에어백 사고 유형을 분석해 해결책을 전송한다. 만약 사고라고 판단되면 근처 고객센터와 병원에 즉시 사고 수습 차량과 구급차를 보내라는 명령을 전송하고 보험사에도 자동으로 통보한다.

이러한 사물 인터넷 기술의 핵심 원리는 무엇일까? 바로 다양한 기술의 융합을 바탕으로 한 센서들 간의 콜라보라고 할 수 있다. 즉, 다양한 센서들 간의 소통으로 만들어진 새로운 정보를 필요한 곳에 적시에 제공하는 것이다. 그런데 센서들 간의 소통은 사람 간의 소통과 유사하지만 상이한 점도 있다. 사람이 누군가와 대화를 하려면 우선 상대방의 얼굴을 바라보거나 이름을 물어본 후 서로 대화할 수 있는 화제를 찾아야 한다. 대화를 나눌 공통의 화제가 없으면 대화가 이어지지 않는다. 따라서 사람 간 대화에서 화자는 항상 공감할 수 있는 화젯거리를 찾기 위해 노력해야 한다.

사물도 다른 사물과 대화를 나누려면 상대 기기의 아이디나 IP주소를 알아야 한다. 또한 기기끼리 통성명을 나눈 다음에는 어떤 대화를 나눌 것인지 화제를 찾아야 하는데, 사물끼리의 대화에서는 화젯거리가 풍부하다. 사물 인터넷에선 모든 물리적 센서 정보가 화젯거리가 된다. 온도, 습도, 열, 가스, 조도, 초음파 센서부터 원격 감지, 레이더, 위치, 모션, 영상센서 등 유형 사물과 주위 환경으로부터 습득한 정보를 바탕으로 사물 간 대화가 이뤄지는 것이다.

다양한 정보를 기반으로 대화가 이뤄지다 보니 유용한 정보의 조합이 무궁무진해진다. 출근길이 막힌다는 정보를 미리 파악해 스마트폰이 알아서 평소보다 조금 일찍 알람을 울려주고, 기기들 스스로 식사 준비를 시작하며, 출근 후에는 집 안의 모든 전기기기와 가스 기기가 스스로 꺼진다. 나의 건강상태 관련 정보가 실시간으로 제공되고, 문제가 예측되면 미리 경고를 주거나 가장 적합한 병원과 의사를 연결해주는 식이다.

다양한 정보가 상호 교차되면서 만들어낸 새로운 연결고리를 통해 어쩌면 공상영화에서나 가능할 것 같았던 일들이 곧 현실이 되는 세상을 맞이하게 될지도 모른다. 물론 이를 위해서는 센싱 기술, 유무선 통신 및 네트워크 인프라, IoT 서비스 인터페이스 기술 등을 서로 결합해 제공하는 환경이 구축되어 있어야 한다. 이러한 결합도 콜라보의 한 형식이다. 다양한 정보의 융합을 통한 새로운 시대를 창조하는 그 중심에 사물 인터넷이 있고, 그 핵심 원리 속에서도 콜라보의 힘을 발견하게 되는 것은 결코 우연이 아니다. 우리는 이미 콜라보가 지배하는 세계 속에 살고 있는 셈이다.

포용력으로 구성원을
존중하고 배려하라

콜라보 리더가 되기 위해 필요한 두 번째 역량은 포용력이다. 포용력은 서로 이질적인 구성원들을 감싸주고 받아들이는 능력을 말한다. 생각해보자. 구성원들이 리더에게 포용력이 있다고 느낄 때는 언제일까? 그가 구성원들을 존중하고 배려할 때다. 자신을 존중하지 않거나 배려하지 않는 사람에게서 포용력을 느끼기는 매우 어려운 일이다. 요컨대 포용력의 핵심은 구성원을 존중하고 배려하는 것이다.

❖ 그늘이 넓은 나무 밑에는 사람이 저절로 모인다

콜라보 리더가 포용력이 있으면 우수한 인재들이 스스로 찾아오게 마련이다. 따라서 포용력은 애초에 프로젝트에 우수한 역량을 결집시키는 중요한 요소이기도 하다. 물론 이러한 역량은 프로젝트가 성과를 낼 때까지 지속적으로 발휘되어야만 한다. 만약 지속적이지 못하면 처음에는 잘 진행되다가도 나중에 결국 문제가 발생할 수 있다. 앞서 말한 바와 같이 포용력이란 상대에 대한 '존중과 배려'로 드러난다. 따라서 어떻게 구성원들을 존중하고 배려할 것인가가 핵심이다. 존중이란 상대방을 '높이어 귀하게 대하는 것'이며, 배려는 상대방을 '도와주거나 보살펴주려는 마음'이다. 콜라보 리더가 구성원을 존중하고 배려하려면 어떤 자세를 갖추어야 할까?

먼저 상대방을 존중하려면 '화이부동和而不同'할 줄 알아야 한다. 화이부동은《논어》〈자로편子路篇〉에 나오는 말로, '군자화이부동 소인동이불화君子和而不同 小人同而不和', 즉 "군자는 다름을 인정하고 다른 것들끼리의 조화를 도모하는데, 소인은 다름을 인정하지 못하고 무엇이나 같게 만들거나 혹은 같아지려고 한다."는 데서 나온 말이다. 군자는 '화이부동'하여 자신과 다른 사람을 인정하고 그를 존중하는 반면, 소인은 '동이불화'하여 자신과 다른 생각과 가치를 가진 사람을 배척한다는 뜻이다.

이 말은 기본적으로 나와 다른 남을 인정해야 한다는 뜻을 담고 있다. 생각이 다르고 살아가는 방식이 다른 타인의 존재를 존중해야 한다는 것이다. 이념도 추구하는 목적도 살아온 지역과 문화도 다르지만 그것을 아우르고 그 속에서 조화를 만들어내는 것이 군자의 역할이고, 이것이 존중의 기본 마음가짐이다. 같은 색깔의 꽃들만 심어져 있는 꽃밭보다는 다양한 색과 모양의 꽃들이 조화롭게 피어 있는 꽃밭이 아름다운 것처럼, 서로의 다름을 인정하고 상생하려는 원리가 화이부동이라는 단어에 담겨 있다. 따라서 타인과 더불어 살아가는 사회의 구성원이라면 새겨야 할 말이기도 하다. 콜라보 프로젝트에서도 화이부동의 원리는 그대로 적용된다. 리더가 자신과 다른 성향이나 가치관, 행동양식을 가진 구성원이라 하더라도 화이부동의 마음가짐으로 다름을 인정하고 상대를 존중할 때 신뢰가 생기고 새로운 업무에 몰입하게 될 것이다.

한편, 상대방을 잘 배려하려면 '역지사지易地思之'의 마음가짐을 가져야 한다. 사람들은 흔히 상대를 배려한다고 한 행동이 오히려 상대방에게 상처를 주거나 곤란에 빠뜨리는 경우가 있다. 내 입장에서 약이 되는 것이 상대방에게는 오히려 독이 되는 경우가 있기 때문이다. 이러한 상황은 《장자》의 〈지락편至樂篇〉에 잘 나타나 있다.

옛날 바닷새가 노나라 서울 밖에 날아와 앉았다. 노나라 임금은 이 새를 친히 종묘 안으로 데려와 술을 권하고 아름다운 궁궐의 음악을 연주해주고, 소와 돼지, 양을 잡아 접대하였다. 그러나 새는 어리둥절해하고 슬퍼하기만 할 뿐, 고기 한 점 먹지 않고 술도 마시지 않은 채 사흘 만에 결국 죽어버리고 말았다. 이것은 사람을 기르는 방법으로 새를 기른 것이지, 새를 기르는 방법으로 새를 기르지 않은 것이다.

노나라 임금이 바닷새를 위한답시고 궁궐에서 음악을 연주해주고 고기와 술을 융성하게 대접했더니 바닷새는 그것을 즐기기는커녕 사흘 만에 죽어버리고 말았다. 노나라 임금의 배려가 바닷새에게는 오히려 독이 된 것이다.

그래서 상대방을 잘 배려하기 위해서는 상대방의 입장에서 생각하는 역지사지의 마음가짐이 필요하다. 역지사지는 《맹자》의 〈이루편離婁編〉 하권에 나오는 '역지즉개연易地則皆然'이라는 표현에서 비롯된 말로 '다른 사람의 처지에서 생각하라'는 뜻이다. 무슨 일이든 상대방의 입장을 고려하지 않으면 배려 행동이 오히려 상대방에게 나쁜 결과를 가져다줄 수도 있기 때문이다. 콜라보 리더가 구성원을 배려할 때는 그 사람의 입장에서 처지를 잘 살펴서 도와주어야 진정한 배려를 하는 것이다.

❖ 먼저 존중하고 배려하라

앞서 우리는 콜라보 리더가 구성원들을 존중하기 위해서는 '화의 부동'의 마음가짐을 가져야 한다는 점을 살펴보았다. 그렇다면 콜라보를 추진하는 과정에서 구성원을 존중하려면 구체적으로 어떠한 행동을 취해야 할까? 달리 말해 구성원들은 어떤 경우에 자신이 존중받았다는 느낌을 받을까?

《존중하라》의 저자 폴 마르시아노Paul Marciano 박사에 따르면, 사람은 존중을 받을 때 조직의 목표 달성을 위해 업무에 더욱 몰입하고 성실하게 일한다고 한다. 즉, 자신이 존중받는다고 느낄 때 자신이 속한 집단과 조직의 발전을 위해 자발적인 노력을 증가시킨다. 따라서 구성원들을 자발적으로 조직 발전에 몰입시키기 위해서는 리더가 먼저 구성원들을 존중하고, 상호 존중의 문화가 정착될 수 있도록 노력해야 한다.

직원들은 어떤 상황에서 존중받는다는 느낌을 가질까? 마르시아노 박사는 실증연구를 통해 일곱 가지의 존중모델을 제시했다. 그것은 '인정, 역량 강화, 긍정적 피드백, 파트너십 형성, 기대, 배려, 신뢰'이다. 여기서 존중은 배려와도 관계가 있음을 알 수 있다. 이러한 요소들이 직원의 존중감에 대한 내면적 평가와 몰입도에 결정적 영향을 미친다는 것이다.

이를 참조하여 콜라보 프로젝트를 추진하는 리더가 구성원들로 하여금 존중받고 있다는 느낌을 가지게 하려면, 다음의 다섯 가지를 실천하면 효과적이다.

(1) 구성원에게 인정과 칭찬의 표현을 자주하라

인정과 칭찬은 인간의 기본 욕구이다. 심리학자 에이브러햄 매슬로Abraham H. Maslow는 인간의 욕구를 5단계로 구분했는데, 그중 4단계가 인정받고 존경받고 싶은 욕구다. 이는 생리적 욕구나 안전의 욕구, 사회적 욕구보다도 더 높은 수준의 욕구다. '칭찬은 고래도 춤추게 한다'는 말도 있듯이 구성원을 인정해주고 칭찬하면 존중받는다는 느낌이 들어서 기분이 좋아지고, 더욱더 즐겁게 업무에 몰입하게 되며, 리더와의 관계도 원만해진다.

구글이 직원들의 창의적인 아이디어를 이끌어내는 방식도 이와 같은 맥락에서 이루어지고 있다.

구글에는 '아이디어 마켓'이라는 시스템이 있다. 이 시스템은 구글 직원들이라면 자유롭게 자신의 아이디어를 아이디어 마켓에 올려놓을 수 있도록 한 것으로, 일단 마켓에 올라온 아이디어는 직원들의 평가를 받아 일정 수 이상 인정하면 '20% 프로젝트'에 등재된다. 20% 프로젝트로 인정받으면 제안자는 업무시간의 20%를 투입해 아이디어를 구체화할 수 있다. 아이디어가 충분히 성숙되어 경영진들이 사업성을 인정하면 '80% 프로젝트'로 다시 지정되고 본격적인 사업화가 시작된다. 전 세계 도서관에 있는 서적을 모두 검색해 인터넷에 올리는 '프린트 구글닷컴'은 바로 아이디어 마켓에서 시작된 사업이다.

구글의 최고경영자 에릭 슈미트Eric Schmidt는 회사의 핵심 전략을 묻는 질문에 "최고의 인재를 확보하고 그들을 풀어놓는 것"이라고 밝힌 바 있다. 구글이 얼마나 직원들의 자발성과 창의성을 존중하고 있는지 보여주는 발언이다. 구성원들을 인정하고 칭찬하는 방식이 말로 이루어지는 것도 중요하지만, 회사 전체로 보면 시스템과 문화로 정착되어 있을 때 보다 큰 힘을 발휘하게 된다.

(2) 구성원에게 자신의 기대를 밝혀라

'기대의 법칙'이라는 것이 있다. 기대의 법칙은 타인에 대한 기대를 말이나 행동으로 보여주면 실제로 그 말이나 행동으로 이루어지는 경우를 말한다. 가령 부모나 선생님이 아이에게 모범생이 되기를 기대하고 그것을 학생에게 구체적인 말로 표현하면, 그 학생은 실제로 그렇게 될 확률이 높아진다고 한다. 마찬가지로 조직에서도 상사가 부하에게 자신의 기대를 정확히 밝히면, 부하 직원은 상사가 큰 기대를 가질 정도로 자신이 중요한 사람인 것처럼 인식되어 존중받는다는 느낌을 가질 수 있다. 그러한 느낌은 자연스럽게 업무에 대한 몰입으로 이어지게 된다.

(3) 구성원의 역량 강화에 관심을 기울여라

흔히 "월급 받는 만큼 일한다."는 말이 있다. 이 말은 월급을 대가로 노동을 지불한다는 뜻이다. 이는 달리 말하면 월급 이상의 노력은 안 한다는 뜻이기도 하다. 이러한 셈법은 거래 관계를 전제로 한 것인데, 월급과 동등한 가치의 노력이 교환되는 관계라는 의미를 내포하고 있다. 하지만 이렇게 되면 구성원에게 월급 이상의 더 많은 노력과 열정을 기대하기 어렵다. 이는 공동의 목표를 위한 추가적인 노력이나 협력을 이끌어내기가 어렵다는 의미다.

따라서 리더는 구성원들로 하여금 이러한 거래 관계로만 업무에 임하게 해서는 안 된다. 보다 고차원적인 동기에 집중해야 하는데, 좋은 방법 중 하나가 구성원의 능력을 길러주는 일이다. 리더가 업무를 지시하고 조율만 하는 것이 아니라 구성원의 역량 강화에 관심을 가지게 되면, 구성원도 거래 패러다임에서 벗어나 프로젝트의 성공을 위해 더욱 열심히 노력하게 될 것이다. 또 리더가 자신의 역량 강화에 관심을 기울일 정도로 자신이 존중받고 있다는 생각 때문에 업무에 몰입하게 된다.

(4) 긍정적인 피드백을 하라

프로젝트를 진행하다 보면 구성원에게 싫은 소리를 해야 할 경우가 있다. 구성원의 잘못에도 불구하고 싫은 소리조차 하지 않는다면 전체 성과에 악영향을 미친다. 그러나 싫은 소리도 '기술적으로' 해야 한다. 피드백을 하더라도 상대방이 존중받는다는 느낌이 들도록 해야 한다는 말이다. 어떻게 하면 싫은 소리를 하면서 상대방이 존중받는다는 느낌을 가지게 할까?

긍정적 피드백은 구성원의 잘못을 질책하려는 것이 아니라 구성원의 잘못을 개선하여 더 나은 성과를 내는 사람이 되도록 하기 위함이다. 그러므로 긍정적인 피드백을 위해서는 다음과 같은 점에 주의해야 한다.

- 사람에 대한 평가나 해석보다는 구체적으로 일어난 사실에 초점을 맞추어서 대화를 진행해야 한다.
- 피드백을 해봐야 해결하지 못할 문제는 피드백을 하지 말고, 질책을 하기보다 어떻게 하면 문제를 해결할 수 있을까에 중점을 두고 대화해야 한다.
- 단순한 취향이나 가치관의 차이를 논하는 것이 아니라 구성원의 잘못된 행동이 결과에 어떤 영향을 미치는지에 대해서만 대화해야 한다.
- 잘못된 행동을 한 구성원도 나름의 이유가 있을 수 있다. 따라서 리더는 피드백을 할 때 구성원이 왜 그런 행동을 했는지 이유를 묻고 공감의 자세로 경청하는 것이 중요하다.
- 구성원이 질책을 받았다는 느낌이 들지 않도록 마무리하면서 격려와 지원을 약속해주는 것이 좋다.

(5) 구성원과 파트너십을 형성하라

독일의 철학자 칸트는 《실천이성비판》에서 "너와 다른 사람을 항상 수단이 아닌 목적으로 대하라."고 주장했다. 이 말은 타인을 목적이 아닌 수단으로 대한다면 상대방과 원만한 관계를 만들기 어렵다는 의미다. 상대방을 수단으로 대하면 상대방이 존중받는다는 느낌을 가질 수 없고, 그렇게 되면 좋은 관계를 형성하기가 어렵기 때문이다. 따라서 구성원을 존중하고 원만한 관계를 위해서는 상대방과 함께한다는 자세, 즉 파트너십을 형성해야 한다. 상대방이 수단이 아니라 파트너 관계라고 느낄 때 공동 프로젝트로 인식하여 주인의식을 가지고 더욱 몰입하게 된다.

존중과 함께 배려의 실천도 중요하다. 배려는 상대방을 도와주거나 보살펴주려는 마음이다. 리더는 구성원들에게 무엇을 배려해야 할까? 크게 두 가지 관점에서 배려를 해야 한다. '업무적 배려'와 '개인적 배려'가 그것이다.

업무적 배려란 업무를 수행하는 데 있어서 리더가 구성원에게 행하는 노력이다. 주로 다음과 같은 것들이 있다.

■ 업무 목표 설정 시 구성원의 의견을 반영한다.
■ 업무 진행 상황을 수시로 모니터하여 어려움이나 애로사항을 점검한다.

- 회의 때 구성원의 의견을 존중한다.
- 경영 정보를 적극적으로 설명하고 공유한다.
- 구성원의 업무상 실수에 관용적인 태도를 보인다.

리더가 구성원에게 업무적 배려를 하면 구성원은 리더에게 고마움을 느끼면서 더욱 열심히 일하게 된다.

개인적 배려란 구성원의 개인생활에 대해서 리더가 행하는 노력을 말한다. 개인적 배려에는 주로 다음과 같은 것들이 있다.

- 개인적인 사정을 주기적으로 청취하고 개인의 특수성을 이해해준다.
- 구성원의 근태나 휴가 등을 가급적 지켜준다.
- 추가 업무나 잔업이 필요한 경우에는 양해를 구한다.

리더가 구성원의 개인생활까지 배려하면 구성원은 더욱 감동하게 되고 이는 업무에 대한 몰입으로 이어지게 된다.

진심으로 소통하라

❖ **왜 소통이 중요한가**

일반적으로 리더에게 필요한 가장 중요한 덕목으로 소통 능력을 꼽는다. 특히 최근 들어서는 리더의 소통 능력이 조직 관리에 매우 중요한 역량으로 대두되고 있다. 2008년 금융위기 상황에서 리먼브라더스와 골드만삭스의 CEO는 서로 상반된 소통 방식을 보여주었다.

리먼브라더스의 CEO인 리처드 폴드Richard Fuld는 내부 의견을 무시한 독선적인 리더십으로 조직 내 소통을 경시했고, 그 결과 조직을 파산의 위기에서 구해내지 못했다. 당시 리먼브라더스의 부실채권 및 전환주식 거래 부사장이었던 로렌스 맥도널드Lawrence McDonald는 리처드 폴드가 보여준 '독선과 아집의 치명적 리더십' 때문에 회사를 위기에서 구할 기회를 놓쳤다고 술회하기도 했다. 반면, 골드만삭스의 CEO 로이드 블랭크페인Lloyd Blankfein은 구조조정 과정에서 직원과 직접 소통하는 노력을 기울여서 금융위기를 신속하게 극복했다.

조직 내 소통을 경시했던 리더는 파산의 위기에서 탈출하지 못한 반면, 구조조정이라는 어려운 상황에서도 직원과 직접 소통했던 CEO는 위기 상황을 잘 극복할 수 있었다. 이를 통해 우리는 리더와 구성원 간의 소통 여부가 회사 경영에 결정적 영향을 미칠 수도 있다는 사실을 알 수 있다.

이는 콜라보 프로젝트의 리더에게도 마찬가지다. 콜라보 프로젝트와 같이 새로운 조직을 구성했거나 불확실성이 높은 상황에서는 리더의 소통 능력이 더욱 중요하다. 이질적인 멤버들과 새로운 프로젝트를 시도하는 경우 리더와 구성원 또는 구성원끼리 어떻게 소통하는가에 따라서 성과가 달라지기 때문이다.

콜라보 프로젝트에서 소통이란 개인과 조직에 존재하는 다양한 벽을 허물고 서로 공감하고 협력함으로써 성과를 창출해나가는 과정이다. 이때 열린 소통은 조직 목표를 달성하는 데 필요한 구성원의 일체감과 결속력을 이끌어내는 핵심 수단이 된다. 실제로 조직 내 개방적 의사소통은 개별 구성원들을 결속시킴으로써 조직 전반에 걸쳐 다양한 이점을 안겨주는데, 크게 다음 세 가지 측면에서 긍정적인 면을 제공한다.

(1) 조직 구성원에게 동기부여를 한다

조직 내 개방적 소통 문화가 정착되면 구성원들은 조직이 기대하는 방향으로 행동하게 된다. 열린 소통이 조직 구성원에게 강한 동기부여가 되기 때문이다. 열린 소통 문화를 위해서는 조직 내 공식적이거나 비공식적인 소통 채널을 통해 구성원들이 무엇을 해야 하는지, 어떤 방식으로 일을 해야 하는지 진술하면서도 명확한 메시지를 자연스럽게 전개해야 한다. 이러한 열린 소통의 과정은 특히 리더와 구성원 간 업무 목표 설정, 진척 과정에 대한 관리와 모니터링, 역량 개발 계획 수립, 성과 평가 및 피드백 과정 등 업무활동 전반에서 빈번히 이루어진다.

이와 관련해 조직행동 분야의 권위자 중 한 사람인 스티븐 로빈스Stephen P. Robbins 박사는 "회사가 기대하는 구성원의 행동을 강화하기 위해서는 리더가 구성원들과 업무 목표를 설정하고 그 결과를 피드백하는 과정에서 가능한 한 주관적 감정이나 감정적 호소를 배제하고, 보다 객관적이고 공정한 기준에 근거한 커뮤니케이션을 펼쳐야 한다."고 지적한 바 있다.

즉, 객관적인 사실과 기준에 근거한 목표 설정, 과정 관리, 성과 평가 등 목표 관리 활동 전반에서 리더와 구성원이 열린 소통을 할 때 서로 간의 신뢰감이 높아지고 구성원의 자발적 업무 몰입이 가능해진다는 뜻이다.

(2) 사회적 상호작용을 통한 정서적 만족감이 증대된다

개방적 의사소통이 주는 또 하나의 이점은 서로가 느끼는 고충을 나누고 행복한 감정을 공유함으로써 자연스럽게 정서적 연대감과 친밀감이 높아진다는 데 있다. 원활한 소통이 이루어지는 조직 구성원끼리는 신뢰·공감·배려의 감정이 쌓이고, 서로 협력 관계가 유지되며, 매사에 긍정적으로 생각하며 일이 즐거워진다. 잘 통하는 친구끼리는 서로를 배려하고 믿으며, 무슨 일을 해도 즐겁고 재미있는 것과 같은 이치다.

반면 소통이 원활하지 못해 불통인 조직에서는 이와는 반대 현상이 나타난다. 서로 간에 불신이 쌓이고 배타적으로 변하며 조직 내 이기주의가 만연하게 된다. 서로 경쟁하기 일쑤고 매사 부정적으로 생각하는 경향이 늘어난다. 그뿐만 아니라 소통 부족으로 인한 사회적 비용도 증가한다. 갈등이 생겼을 때 말로 소통해서 해결하지 못하면 주먹다툼을 하거나 심한 경우 법정 싸움으로 가는 경우도 있다. 소통이 안 되면 소송(?)을 하게 되니 비용이 들 수밖에. 요컨대 개방적 의사소통은 정서적 만족감을 높이고 사회적 비용을 줄이는 효과가 있다.

(3) 정보나 지식의 공유가 활발해져 집단 창의성이 배가된다

개별 구성원이 가진 여러 지식과 다양한 아이디어가 조직 내에 원활히 공유되고 재창조될 때 집단 창의성은 그 빛을 발할 수 있다. 이것은 구성원끼리 개방적 의사소통 메커니즘이 작동할 때만 가능한 일이다. 여기서 말하는 의사소통 메커니즘이란 지식정보시스템 등 정보나 지식을 공유할 수 있는 시스템이나 하드웨어적 장치만을 의미하는 것은 아니다. 이러한 시스템에 참여하는 사람들의 개방적 사고와 수평적이면서도 유연한 소통 문화가 뒷받침되어야 한다는 뜻이다.

다시 말해 개방적 의사소통은 이러한 메커니즘이 원활하게 움직일 수 있도록 하는 중요한 윤활유가 된다. 개개인이 가진 여러 생각을 자유롭게 표출하고, 이것이 자유로운 논의와 비판을 거쳐서 보다 창의적이고 건설적인 아이디어로 발전할 수 있어야 한다. 한마디로 개방적 의사소통은 이런 과정을 가능하게 하는 소프트웨어라고 할 수 있다. 실제 많은 기업들이 개방적 의사소통이 주는 이와 같은 이점을 누리기 위해 구글이나 픽사Pixar와 같은 기업을 모방하려고 애쓰고 있다.

하지만 하드웨어는 쉽게 따라 할 수 있지만 소프트웨어에 해당하는 개방적 의사소통 문화는 쉽게 흉내 내기 어렵다. 그러므로 콜라보 리더는 자유롭고 개방적인 의사소통을 위하여 열린 마음으로 노력해야 한다.

❖ 진심이 통해야 소통이다

그렇다면 소통이란 무엇일까? 흔히 소통이라고 말하면 가장 먼저 의사소통을 떠올릴 것이다. 의사소통, 즉 커뮤니케이션communication 이란 사람들 간에 생각이나 감정 등을 교환하는 총체적인 행위를 말한다. 커뮤니케이션의 어원은 라틴어의 '나누다'를 의미하는 'communicare'로, 언어나 몸짓, 기타 화상 등을 매개체로 하여 인간들이 상호간에 정신적, 심리적으로 메시지를 전달하고 교류하는 일련의 과정'을 뜻한다.

〈의사소통 모델과 메시지의 전달 과정〉

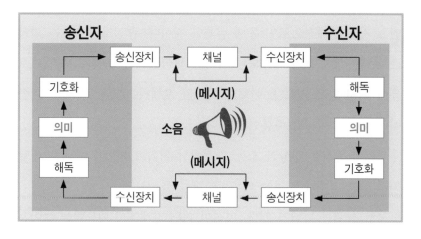

위 그림은 의사소통 모델과 메시지의 전달 과정을 나타낸 것이다.

그림에서 보면 송신자와 수신자가 메시지를 서로 주고받는다. 먼저 송신자는 자기가 말하고 싶은 바, 즉 '의미'를 기호화하여 송신장치를 통해 수신자에게 보낸다. 수신자는 그 메시지를 수신장치를 통해 받은 후 나름대로 해독하여 자신만의 '의미'로 이해한다. 그리고 동일한 방식으로 상대방에게 메시지를 보낸다. 이렇게 송신자와 수신자가 메시지를 주고받으면서 의미를 해석하는 과정이 바로 의사소통 과정이다.

여기서 중요한 점이 있다. 의사소통에서는 주고받는 메시지보다는 의미가 더 중요하다는 사실이다. 의사소통 과정에서 송신자가 보낸 의미와 수신자가 받은 의미가 동일해야만 비로소 의사소통이 완성된다. 메시지는 잘 주고받았으나 의미가 제대로 전달되지 않았다면 그것은 전체적으로 소통에 실패한 것이다. 송신자는 A라는 의미로 보냈는데 수신자가 B라는 의미로 해석했다면 그것은 제대로 소통이 되지 않은 것이다. 이해가 아니라 오해하고 있는 것이다. 이쯤이면 소통이 아니라 불통인 셈이다.

그런데 문제는 일상의 소통 과정에서 의외로 의미가 제대로 전달되지 않는 경우가 많다는 데 있다. 예를 들어보자.

서로 사귀는 남녀가 있다. 여성이 어떤 가게에서 핸드백을 뚫어져라 보고 있다.

여성의 마음을 눈치챈 남자는 여성에게 이렇게 묻는다.

"핸드백이 마음에 들어? 오빠가 사줄까?"

남성의 물음에 여성이 이렇게 답했다.

"아니, 괜찮아. 나 핸드백 많은데 뭐……. 그리고 오빠 요즘 돈도 별로 없잖아! 괜찮아! 근데 오빠, 여기서 잠시만 기다려. 내가 화장실이 좀 급해서……."

이때 여자가 화장실에 간 사이에 남자는 무엇을 해야 할까? 눈치 빠른 남자라면 당연히 핸드백을 사놓아야 한다. 왜? 여성이 "괜찮아."라고 표현한 메시지는 '괜찮다'는 의미가 아니기 때문이다. "나 화장실 간 사이에 핸드백을 사서 나를 기쁘게 해줘."라는 뜻으로 해석하는 편이 타당하다.

여기서 우리가 주목해야 할 점은 커뮤니케이션이 단순히 정보의 전달이 아니라는 사실이다. 근래에는 커뮤니케이션에서 정보 전달보다는 의미의 전달, 즉 상대방의 마음을 제대로 읽는 것을 중요하게 생각한다. 앞의 예에서도 보았듯이, 사람들은 커뮤니케이션에서 자신의 마음을 있는 그대로 드러내지 않는 경우가 많기 때문이다. 여성이 애인에게 핸드백을 사 달라는 마음을 있는 그대로 드러내지 않은 것처럼 말이다.

사람들은 여러 이유 때문에 자신이 가지고 있는 진짜 마음을 처음부터 있는 그대로 드러내기를 꺼려한다. 결국 소통이란 단순히 정보를 주고받는 과정을 의미하는 것이 아니라, 자신의 '속마음을 있는 그대로' 주고받는 것을 의미한다. 다시 말해 소통은 정보의 전달이 아니라 진심을 전달하는 것이다. 상대방과 거짓이 아닌 진짜 마음, 즉 진심眞心이 오고가야 진정한 소통이 이루어지는 것이다. 그런데 웬만큼 가까운 사이가 아니고서는 이렇게 하기가 쉽지 않다. 앞의 예에서도 보지 않았는가. 애인끼리도 선물을 사달라고 대놓고 말하기는 아무래도 쑥스러운 법이다. 그래서 굳이 어렵게 돌려서 말하는데, 내가 돌려서 말해도 상대방은 제대로 알아차리기를 바라고 말하는 것이다.

'왜 그렇게 어렵게, 굳이 돌려서 말할 필요가 있을까?' 하는 의구심이 들지도 모르겠다. 하지만 살아오면서 처음부터 진심을 곧바로 말하는 것에는 적잖은 위험이 뒤따른다는 것을 경험한 적이 있을 것이다. 가령 처음 만난 이성이 마음에 들었다고 해서 직설적으로 "당신이 마음에 드니 지금부터 우리 사귑시다."라고 속마음을 대놓고 말했다가는 자칫 난처한 상황에 빠질 수도 있다. 그래서 대부분 처음에는 가볍게 대화를 시작하면서 상대방의 반응을 살피게 된다. 그런데 진심을 바로 드러내지 않는 것은 상대방도 마찬가지다. 그래서 진심을 주고받는 소통은 여간 어려운 일이 아니다.

그렇다면 어떻게 해야 할까? 진심을 주고받는 소통이 어렵다는 사실은 역설적으로 소통을 잘하기 위해서는 사전에 소통의 기술을 익혀야 한다는 점을 시사한다. 소통의 기술을 익혀 상대방과 진심을 주고받을 수만 있다면 허심탄회하게 속마음을 이야기할 수 있다. 서로 속마음을 이야기하는 사이라면 아무런 거리낌이 없다. 이미 상대방을 신뢰하는 상태이며, 서로 협력할 준비가 되어 있음을 전제하는 관계이기 때문이다. 콜라보 프로젝트에서 필요한 소통도 이와 같다. 서로의 진심이 오가는 소통이 이루어질 때 신뢰가 생기고, 신뢰를 바탕으로 협력이 자연스럽게 이루어지게 된다.

❖ 소통을 가로막는 장벽

많은 기업의 리더들은 조직 내에서 원활하고 개방적인 의사소통이 이루어지기를 바라지만 이는 말처럼 쉬운 일이 아니다. 특히 콜라보 프로젝트 구성원들의 경우에는 더욱 그러하다. 은연중에 소통을 방해하는 요인들이 일반 조직보다 더 많기 때문이다. 따라서 먼저 소통을 가로막는 장벽과 원인을 찾고, 이러한 장벽을 어떻게 넘어서서 원활한 소통이 이루어지게 할 것인가 고민해야 한다.

먼저 소통을 가로막는 장벽부터 살펴보자. 일반적으로 조직에서 개방적 의사소통을 가로막는 장벽의 원인으로는 크게 개인적 요인과 조직적 요인으로 구분할 수 있다.

개방적 의사소통을 가로막는 장벽 중에서 개인적 요인으로는 구성원의 침묵 현상을 들 수 있다. 침묵 현상이란 리더 혼자 이야기를 하고 구성원들은 조용히 듣고만 있는 현상을 말한다. 흔히 직장에서 리더만 떠들고 구성원은 침묵하는 현상을 어렵지 않게 찾아볼 수 있는데, 이를 '으레 그런 것'이라고 대수롭지 않게 여겨서는 곤란하다. 침묵은 구성원 간 아이디어 교류를 차단함으로써 협력을 어렵게 만들고, 창조적인 성과 창출을 방해하기 때문이다. 또한 리더의 계획이나 의도가 부하 직원에게 명확히 전달되지 않아 실행 과정에서 잘못될 가능성이 높아지고, 조직 내 냉소주의가 만연하는 문제도 발생할 수 있다.

구성원들은 왜 침묵하는 것일까? 구성원들이 침묵하는 원인은 크게 다섯 가지로 요약해볼 수 있다.

- 감정 손상이나 스트레스 회피
- 말을 해봤자 반영되지도 않는다는 무기력감
- 소신 있게 이야기했다가 다른 구성원에게 '왕따'당할 것 같은 두려움
- 괜히 틀린 말을 했다가 리더에게 부정적 평가를 받을지도 모른다는 두려움
- 윗사람에 대한 복종과 침묵이 미덕이라고 여기는 생각(고정관념)

이러한 여러 요인들 때문에 조직생활에서 구성원들은 침묵으로 일관하기 쉬우며, 침묵은 결국 개방적 의사소통을 방해하게 된다. 따라서 콜라보 리더는 평소 구성원들의 침묵을 유발하는 부정적 요인을 잘 이해하고 이를 제거하기 위해 노력을 기울여야 한다.

다음으로 소통을 가로막는 조직적 요인을 살펴보자. 한국의 기업을 대상으로 소통을 가로막는 장벽이 무엇인지 설문조사를 해보니 상명하복의 위계 문화, 개인이나 부서 이기주의, 지나친 단기 성과주의 등이 가장 큰 요인으로 나타났다.

〈한국 기업의 소통을 가로막는 장벽〉

* 2개 복수 응답으로 총계는 200%
(자료: 삼성경제연구소, 《CEO Information》 795호, 2011. 3)

설문 결과에서 보듯이 개방적 의사소통을 가로막는 조직적 요인으로는 다음의 네 가지가 대표적이라 할 수 있다.

(1) 상명하복의 위계 문화

일반적으로 수직적 구조보다는 수평적 조직구조에서 의사소통의 개방성이 높아진다. 군대와 같은 상명하복의 위계 조직에서는 명령과 복종, 수명受命과 보고 위주로만 소통이 이루어져 개방적 의사소통이 어렵다. 위계 문화는 부하 직원을 수동적으로 만듦으로써 창의적 아이디어 제안을 가로막게 된다.

(2) 개인과 부서 이기주의

자신과 자신이 속한 부서의 이익을 우선시하는 이기주의가 널리 퍼질 경우에는 개인 간이나 부서 간 원활한 소통이 이루어지기 어렵다. 이는 앞서 여러 번 언급한 바 있다. 이기주의가 만연한 조직에서는 자신에게 유리한 정보나 남에게 도움이 되는 정보는 차단하고, 상대방에게 유해한 정보나 거짓 정보는 넘쳐나서 커뮤니케이션 오류가 빈번하게 발생하게 된다.

(3) 지나친 단기 성과주의

지나치게 단기적인 성과 압력이 가해지면 타인과의 소통보다는 성과에 집착하는 경향이 강해지고, 이는 개방적 의사소통을 어렵게 만든다. 단기 성과에 집착하게 되면 타인과의 협력보다는 개인적 성과에 집중하게 되어 개인 및 부서 간의 경쟁 심화로 이어진다. 이는 또 이기주의를 확산시키는 기제로 작용하여 결국 개방적 의사소통을 불가능하게 만든다.

(4) 구성원 간의 이질성(다양성)

조직 규모가 커지고 글로벌화하면서 조직 내 구성원이 다양해지고 서로 다른 배경을 가진 인력이 동일한 사업장에서 함께 일하는 빈도가 늘어나고 있다. 이 때문에 최근 조직 내 구성원 간 의사소통 이슈가 증가하고 있는 추세다. 집단 내 구성원 간의 이질성으로 인한 이슈 중에서 대표적인 것이 기성세대와 신세대의 소통과 남녀 간 소통에서 발생하는 문제점이다. 또 최근 들어 글로벌화가 심화되면서 타 민족과의 소통에 대한 문제점도 함께 증가하고 있다. 따라서 집단 간의 다양성에 따른 차이를 이해하고 이를 인정하는 태도가 건강한 소통을 위해 무엇보다 중요해졌다.

■ 기성세대와 신세대 간 소통

우선 빠르게 심화되고 있는 기성세대와 신세대 간의 소통 이슈에 주목할 필요가 있다. 기성세대와 신세대는 서로 자라온 성장 환경과 가치관이 다르고, 선호하는 소통 방식에 차이가 있다. 이러한 차이는 소통 과정에서 갈등과 오해를 불러오기 쉽다. 따라서 기성세대에 속하는 리더들이 신세대 직원들을 얼마나 잘 이해하고 그들이 잠재력을 발휘할 수 있도록 소통해나갈 것인가 하는 점이 중요한 문제로 부상하고 있다. 아울러 신세대는 기성세대를 이해하고 조화롭게 소통할 수 있는 자세를 갖추는 것도 필요하다.

■ 남녀 직원 간 소통

조직에서 여성 인력이 빠르게 증가하면서 기존의 남성 직원들과 갈등을 겪는 일도 늘어나고 있다. 남녀 직원 간의 갈등은 소통을 하는 데 있어 남성과 여성이 갖는 목적과 성향의 차이 때문에 생기는 오해가 대부분으로, 이 또한 조직 차원에서 신경 써야 할 이슈다.

이와 관련해 조지타운대학교 언어학과 데버러 태넌Deborah Tannen 교수는 "여성들은 친밀한 관계를 만들기 위해 언어를 사용하는 반면, 남성은 지위나 파워를 강조하기 위해 언어를 사용하는 경향이 있다. 예컨대 여성은 대화의 균형을 찾기 위해 '미안해요.'라는 말을 자주 사용하는데, 이는 사과보다는 다른 사람의 감정에 대한 관심과 이해의 표현이다. 반면에 남성은 '미안해요.'라는 말을 연약함의 표현으로 인식하기 때문에 서로에 대한 오해가 쌓이는 것이다."라고 지적한 바 있다.

■ 글로벌 인력 간 소통

최근 글로벌화가 빠르게 진전되면서 다양한 나라의 구성원들과 함께 일하면서 소통하는 빈도가 증가하고 있다. 그러므로 글로벌 지역별 인력 간 소통도 주의 깊게 관리할 필요가 있다. 비교문화를 연구하는 학자들에 따르면, 한국·중국·일본 같은 동양권은 매우 높은 정황 문화High-context culture이고, 유럽과 북미권은 낮은 정황 문화Low-context culture를 가지고 있는 것으로 나타났다. 쉽게 말하면 서양권 사람들과 다르게 동양권 사람들은 소통을 할 때 상대방과 주고받는 정보뿐만 아니라 비언어적이고 섬세한 정황, 예컨대 상대방의 출신과 지위, 사회적 위치, 명성 등을 고려하면서 소통을 한다는 것이다.

지금까지 우리는 소통을 가로막는 개인적 요인과 조직적 요인을 간략하게 살펴보았다. 소통을 가로막는 장벽이 다양하다는 것은 현실에서 진심을 주고받는 소통이 그만큼 힘들다는 의미를 내포하고 있는 것이기도 하다. 하지만 소통이 아무리 어렵더라도 조직에서는 소통행위 자체를 배제하면서 일을 할 수는 없다. 따라서 콜라보 프로젝트를 추진하는 리더는 소통을 가로막는 장벽의 실체를 잘 이해하고, 이러한 장벽을 뛰어넘을 수 있는 방법을 강구해야 한다.

❖ 소통을 잘하기 위한 세 가지 조건

이제 어떻게 하면 소통을 가로막는 장벽을 넘어 원활한 소통을 할 수 있을지가 중요하다. 소통의 상황이나 대상에 따라 효과적인 소통 방법이야 다를 수 있겠지만, 일반적으로 소통을 잘하기 위해서는 다음의 세 가지를 먼저 이해할 필요가 있다.

(1) 소통의 본질을 이해한다

효과적인 소통을 위해서는 먼저 '소통의 본질'을 이해하는 것이 중요하다. 여기서 말하는 본질이란 소통을 하려는 목적이나 소통을 통해 얻고자 하는 결과를 의미한다. 소통을 할 때 본질을 제대로 이해하지 못하면 자칫 엉뚱한 방향으로 대화가 진행될 수 있다.

예를 들어보자. 아내가 모처럼 멋을 내봤다. 미용실에서 머리도 하고, 화사한 원피스도 한 벌 새로 구입했다. 화장에도 정성을 들였다. 모처럼 한껏 멋을 낸 것이다. 이러한 모습은 평소 아내의 모습과는 분명 다른 것이다. 마침 남편이 퇴근해서 집으로 돌아왔다. 평소와 다른 아내의 옷차림과 헤어스타일에 잠시 당황해하는 사이에 아내가 남편에게 묻는다.

"여보, 오늘 머리도 하고 옷도 새로 샀는데 어째 헤어스타일과 원피스가 잘 어울리지 않는 것 같네. 그렇지 않아?"

아마 아내는 자신이 보기에도 화사한 원피스가 너무 튀어 보여서 걱정인가 보다. 남편이 보기에도 한껏 멋을 낸 아내의 모습이 멋있다기보다 약간 어색하고 튀어 보이는 것이 사실이다. 아내의 질문에 남편은 자신의 생각을 허심탄회하게 털어놓는다.

"그래, 내가 보기에도 약간 어색해 보이네. 자기 나이에 맞지 않게 너무 튀어 보이는 것 같기도 하고……."

남편의 솔직한 답변에 아내는 어떤 반응을 보일까? 짐작건대 남편의 지나치게 솔직한 표현에 아내는 그리 유쾌하지 않았을 것이다. 혹시 부부싸움으로 전이되진 않았을까? 생각해보자. 남편의 솔직한 대답에 무슨 잘못이라도 있는 것일까? 논리적으로 문제 될 것이 없어 보인다. 아내는 자신의 모습이 어떤지 남편에게 물었고, 또 아내 스스로도 약간 어울리지 않는다고 생각했으니 말이다. 이에 남편도 자신의 생각을 솔직하게 말했을 뿐이다. 하지만 남편은 소통을 잘하지 못했다. 왜? 소통의 본질에 대한 이해가 부족했기 때문이다.

아내는 남편에게 왜 질문을 했을까? 아내가 남편에게 질문을 한 목적(본질)은 무엇이었을까? 아내는 남편에게 냉정한 평가를 받기 위해 질문을 했을까, 아니면 칭찬이나 위안을 받기 위해 질문을 한 것일까? 물론 둘 다 포함하고 있겠지만, 아마도 후자일 가능성이 더 높았을 것이다. 한껏 멋을 낸 모습에 찬사를 받으려고 했거나 아니면 '조금 어울리지 않는 것은 아닐까?' 하는 의구심을 해소시켜주는 멘트를 기대했을 가능성이 높다. 여기서 핵심은 남편이 소통의 본질을 이해하지 못했다는 점이다. 아내가 남편과의 소통에서 얻고자 하는 바, 즉 본질은 냉정한 평가를 구하거나 의사결정을 위한 것만이 아닐 수도 있다는 점이다.

일반적으로 남자는 의사결정을 목적으로 소통하는 반면, 여성은 공감을 위해 소통을 한다고 한다. 서로 소통의 본질이 다른 셈이다. 따라서 소통을 할 때는 대화에 앞서 '이번 소통에서 본질은 무엇일까?' 하는 점을 고려한 후 대화를 하면 좀 더 부드럽고 효과적으로 소통할 수 있다.

(2) 대상의 특성을 이해한다

소통을 하다 보면 소통 당사자의 특성 차이 때문에 진심이 왜곡되는 경우가 많다. 가령 아이돌 그룹에 빠져서 죽어라 쫓아다니는 딸을 보고 "왜 그런지 이해할 수 없다."고 말하는 부모가 있다. 반면에 딸 입장에서는 "아니, 자신이 좋아하는 아이돌 그룹에 열광하는 모습을 이해하지 못하는 부모를 이해할 수 없다."고 한다. 어느 한쪽이 상대를 먼저 이해하려고 하지 않는 한 부모와 딸 사이에 소통이 원활하기는 어려울 것이다. 이처럼 상대의 기본적인 특성을 이해하지 못하면 아예 소통 자체가 이루어지지 않는 경우도 있다. 진정한 소통은 자신을 이해해주는 사람과만 가능한 법이다.

조직에서도 이런 경우는 자주 발생한다. 기성세대는 신세대의 개인주의적 성향을 못마땅해하는 경우가 많다. 신세대 입장에서는 기성세대의 지나치게 조직 중심적 태도와 맹목적인 조직 충성심을 이해할 수가 없다. 하지만 기성세대는 기성세대대로, 신세대는 신세대대로 그러한 성향을 갖게 된 데는 다 이유가 있다. 다만 상대방 입장에서 이해하지 못할 뿐이다. 중요한 것은 대상이 갖는 특성을 자신의 입장에서 평가하기보다 상대방의 입장에서 이해하려 할 때 소통을 더 잘할 수 있다는 점이다.

(3) 상대방의 정서를 고려한다

소통을 할 때 상대방의 정서를 고려하는 것도 중요하다. 정서란 '사람의 마음속에서 일어나는 여러 가지 감정이나 그러한 감정을 불러일으키는 기분이나 분위기'를 말한다. 그냥 사람의 '기분 상태'라고 생각하면 쉽다. 사람들은 소통할 때 자신의 기분에 따라서 반응하는 수준이나 태도가 달라진다. 기분이 좋은 상태에서는 대체로 긍정적으로 반응하는 반면, 기분이 나쁘면 아무래도 화를 내거나 짜증을 부리는 등 부정적인 태도로 반응하기 쉽다. 따라서 소통을 할 때는 상대방의 정서 상태를 고려한 후 진행 여부나 수위를 조절하는 것이 필요하다.

그렇다면 상대방의 정서를 알고자 할 때 어떤 점에 주목하면 효과적일까? 다음의 세 가지 측면을 고려하면 그 사람의 정서 상태를 어느 정도 확인할 수 있다.

첫 번째는 상대방의 현재 기분 상태다. 소통을 하려는 시점에서 그 사람의 기분이 좋은지 나쁜지를 판단해야 한다. 만약 상대의 기분이 좋지 않은 상태라면 소통을 뒤로 미루거나 상대의 기분 상태를 고려하여 조심스럽게 대화를 시작해야 한다.

두 번째는 상대방이 나를 바라보는 정서 상태다. 상대가 나를 평소에 좋게 생각하는지 아니면 나쁘게 생각하고 있는지에 따라 소통에 대한 접근 방법이나 수위를 달리해야 한다. 만약 상대가 나를 부정적으로 평가하고 있는 상태라면 어휘 선택이나 접근 방식에 특히 신경을 써야 한다.

마지막으로 소통하려는 주제에 대한 정서 상태를 고려해야 한다. 만약 상대가 현재 소통하려는 주제에 민감한지 아니면 수용적인지에 따라 소통의 전개 방식은 달라져야 한다. 가령 몇 해 전 일본에서 쓰나미 사태로 수십만 명의 이재민이 발생했을 때를 생각해보자. 이 상황에서 일본 이재민을 도와주어야 할지를 주제로 소통하려고 한다. 그런데 이러한 주제로 소통을 시도할 때 대한적십자사 회원들을 상대로 소통하는 경우와 종군위안부 가족들을 대상으로 소통할 때는 접근 방법이 달라야 한다. '일본인을 돕자'는 소통 주제에 대한 당사자들의 정서가 다를 수 있기 때문이다. 이러한 정서를 고려하지 않은 채 소통을 시도하다 자칫 의도와 달리 난처한 상황에 빠질 수도 있다.

콜라보 프로젝트에서 리더와 구성원 간 소통은 매우 중요한 주제다. 진정한 소통이 정보의 전달이 아니라 진심을 전달한다고 할 때, 본인의 의도와는 달리 진심이 왜곡되거나 잘못 전달되는 경우가 자주 발생한다. 이러한 경우를 예방하기 위해서는 소통에 앞서 소통의 본질, 대상의 특성, 상대방의 정서를 이해할 필요가 있다. 본질, 대상, 정서에 대한 이해를 바탕으로 소통을 시도하면 자신의 진심을 왜곡됨이 없이 전달할 수 있으며, 부드럽고 효과적인 소통이 가능해진다.

❖ 통通하면 변變한다

《주역》에 이런 말이 나온다. '궁즉통 통즉변 변즉구窮則通 通則變 變則久'. 궁하면 통하고 통하면 변하고 변하면 오랫동안 지속될 수 있다는 말이다. 사람의 몸도 혈액이 통하면 막힘이 없어서 건강하게 오래 살 수 있는 것과 같은 이치다. 그런데 이 논리는 조직에도 그대로 적용된다. 조직 내 소통이 원활하면 막힘이 없어서 오래 지속될 수 있다. 반면에 소통이 잘되지 않는다면 어떻게 될까? 막힌다. 막히면 몸이 아프듯이, 조직에서도 소통이 잘되지 않으면 곳곳에 정체가 일어나서 흐름이 나빠지고 결국 조직이 병들고 만다. 《주역》을 빗대어 표현하면 '통通하지 않으면 통痛'하게 된다.

앞에서 우리는 열린 소통의 개념과 효과적인 소통을 위한 세 가지 전제조건을 살펴보았다. 상대방과 진심을 주고받는 소통은 콜라보 프로젝트를 추진하는 리더에게는 무엇보다 중요한 리더십 덕목이라 할 수 있다. 콜라보 리더는 다양한 이해관계를 가진 구성원들을 새로운 공동의 목표에 몰입시켜야 하는데, 이를 위해서는 열린 마음으로 진심을 주고받는 소통이 필수적이기 때문이다.

콜라보 리더로서 구성원과 열린 마음으로 소통하기 위해서는 어떤 점에 특히 주의를 기울여야 할까? 여기서는 가장 핵심적인 내용 세 가지만 정리하겠다.

(1) 직원들의 제안이나 아이디어를 끝까지 경청하고 신중하게 판단하라

콜라보 리더는 조직 내 다양한 의견과 아이디어를 경청하고 조율할 책임이 있다. 콜라보 프로젝트의 목적이 이질적인 분야의 사람들이 모여서 시너지를 창출하는 데 있기 때문이다. 따라서 구성원의 이질성을 긍정하고 다양한 제안과 아이디어가 자유롭게 표출될 수 있는 환경을 조성해야 한다. 시너지는 이질성과 다양성을 자양분 삼아 자라나기 때문이다. 리더가 자신에게 익숙한 과거의 경험이나 성공방식을 고집하거나 불확실성에 대한 두려움 등을 이유로 구성원들의 제안을 경청하지 않으면 그들의 혁신의지와 자발성은 꺾이고 만다. 따라서 구성원들의 혁신의지를 북돋을 수 있도록 새로운 제안이나 아이디어를 끝까지 경청한 후 신중하게 판단할 필요가 있다. 리더가 경청하지 않으면 구성원들은 아이디어 제안을 꺼리게 되고, 이는 조직 내 의사소통에 심각한 장애를 일으키는 원인이 된다.

한때 최고의 휴대폰 제조업체에서 현재는 몰락해버린 기업 노키아의 예에서도 그 중요성을 알 수 있다. 애플사의 아이폰이 출시되기 3년 전인 2004년, 노키아의 개발 팀은 터치스크린 디스플레이를 갖춘 휴대폰 도입을 검토했다. 하지만 경영진은 비용 부담과 불확실성 등을 이유로 새로운 아이디어를 거부했다. 노키아 OS 심비안의 디자이너는 9년 동안 심비안의 성능 개선을 위해 500여 개의 새로운 아이디어를 제안했지만 하나도 채택되지 않았다고 고백하며, 노키아의 승인 시스템이 '구소련 스타일의 관료주의'라고 지적하기도 했다. 결과적으로 노키아의 미국 휴대폰 시장 점유율은 2002년 35%에서 2010년 8%대로 추락했다가 결국 휴대폰 사업에서 철수했다. 직원들의 다양한 제안과 아이디어를 경청하지 못한 대가가 휴대폰 사업 철수라는 치명적인 결과로 드러난 셈이다.

(2) 직원들의 고충을 우선적으로 파악하려고 노력하라

콜라보 리더는 다양한 직원들의 어려움을 먼저 살피고 이해하려고 노력해야 한다. 특히 현장직원과의 소통은 그들의 고충을 제대로 알고 이해하려는 노력에서 출발해야 한다. 구성원들에게 자신의 생각이나 조직의 방침을 전달하기보다 그들의 고충과 의견을 먼저 이해하려고 할 때 더 깊이 있는 소통이 가능해지기 때문이다.

제약회사인 화이자의 제프 킨들러Jeff Kindler 회장은 동전 열 개를 왼쪽 바지주머니에 넣고 출근한 뒤, 직원의 고민이나 이야기를 충분히 들었다고 판단되면 동전 하나를 꺼내 오른쪽 바지주머니로 옮겼다고 한다. 그만큼 직원의 고충을 듣고 이해하기 위해 노력했다는 뜻이다. 직원들은 자신의 고충을 잘 이해하고 들어주는 리더에게 속 깊은 이야기를 더 많이 하게 된다. 그만큼 진심이 통하는 소통이 가능해지는 것이다.

(3) 칭찬과 격려로써 직원들의 긍정적인 감성을 유발하라

콜라보 리더가 칭찬과 격려는 아끼고, 지나치게 성과만 요구하고 질책하면 구성원들의 긍정적인 감성이 위축되어 업무 몰입에 부정적인 영향을 미친다. 거친 말, 질책 위주의 회의 등 공포 분위기를 조장하면 직원들은 문제점을 숨기고 허위 보고를 하는 등 방어적 태도를 취하게 된다. 이러한 분위기는 또 다른 구성원들에게도 파급되어 전체 구성원의 감정 상태는 부정적으로 변하게 된다. 이 때문에 조직 전체의 긴장감이 높아지고 피로감이 누적된다. 긴장감이 높고 피로한 상태에서는 마음을 열고 소통을 하거나 다른 사람과 협력하는 것이 불가능해지므로 결국 조직 성과에도 나쁜 영향을 미치게 된다. 콜라보 리더는 자신이 먼저 긍정적인 감성을 유지하고, 직원들에게 칭찬과 격려를 아낌없이 제공해야 한다. 그렇게 되면 직원들의 긍정적인 감성이 유발되어 즐겁고 활기찬 분위기가 만들어진다. 요컨대 개방적 의사소통은 긍정적이면서 활기찬 분위기에서 자연스럽게 유발되기 때문에 리더는 평소 칭찬과 격려를 통해 이러한 환경을 조성하고자 노력해야 한다.

대통령의 그림, 그 희망 스토리

퀴즈 하나. 다음 그림의 제목은 무엇일까? 답변하기 어려운 사람을 위해 객관식으로 질문을 바꾸어 내겠다. 이 그림의 제목은 〈희망〉 또는 〈절망〉 중에 있다. 어느 것일까?

조지 프레드릭 와츠의 〈희망〉_ 오바마는 와츠의 이 그림을 통해 유권자들에게 희망의 메시지를 전했고, 오바마의 설명을 들은 유권자들은 그의 말에 깊은 감명을 받았다. 그 결과 그는 민주당 대선 후보가 되었고 결국 대통령에 당선되었다. 이처럼 상대방의 가슴까지 닿아서 마음을 움직이는 것이 진정한 소통이다.

젊은 여성이 남루한 옷차림으로 지구본 같은 둥근 공 위에 위태롭게 앉아 있다. 눈을 다쳤는지 눈에는 붕대를 친친 감고 있는 상태다. 아마도 앞이 보이지 않는 상황인 듯하다. 그녀가 손에 들고 있는 것은 '리라'라는 악기다. 리라는 요즘으로 치면 '하프'라고 불리는 고대의 현악기다. 원래 리라는 여러 줄이 매어 있는데, 지금 그녀가 들고 있는 리라는 줄이 모두 끊어지고 마지막 한 줄이 남아 있다. 그녀는 지금 마지막 한 줄 남은 리라를 부둥켜안고 그것을 켜고 있다. 다시 질문하겠다. 이 그림의 제목은 〈희망〉일까, 〈절망〉일까?

개인차는 있겠지만, 아마 이 그림에서 희망보다는 절망의 느낌을 받은 사람이 많을 것이다. 하지만 예상과 달리 이 그림의 제목은 〈희망〉이다. 영국의 화가 조지 프레드릭 와츠 George Fredric Watts가 1886년에 이 그림을 그리면서 붙인 제목이다. 어떤가? 희망처럼 느껴지는가? 그림을 보는 사람에 따라 다를 수 있겠지만, 화가는 분명 희망을 이야기하고 싶었나 보다. 그러니 제목을 〈희망〉이라 붙이지 않았을까?

아무튼 이 그림과 관련된 재미있는 이야기가 하나 있다. 이 그림은 100여 년이 지난 어느 시점에 한 사람의 인생을 완전히 바꾼 그림으로 소개된다. 이 그림 때문에 자신의 인생이 180도로 바뀌었다고 주장한 사람은 누구일까? 그 주인공은 바로 미국 최초의 흑인 대통령 버락 오바마다. 오바마 대통령은 어린 시절 주변 환경이 좋지 못해 굉장히 절망에 빠져 살았다고 한다. 그런데 이 그림을 보는 순간, "모든 조건이 불행함에도 불구하고 끝까지 음악을 연주해내려는 그림 속 여인에게서 담대한 희망의 메시지를 받았다."고 말하면서 "자신의 인생을 바꾼 그림"이라며 유권자들에게 소개했다. 오바마는 와츠의 그림을 통해 유권자들에게 희망의 메시지를 전했고, 오바마의 설명을 들은 유권자들은 그의 말에 깊은 감명을 받았다. 그 결과 당시 유력한 경쟁자를 제치고 그는 민주당 대선 후보가 되었고 결국 대통령에 당선되었다. 다시 말하면 와츠의 〈희망〉은 오바마를 대통령으로 만든 그림이다.

생각해보면 모든 정치인들은 유권자들 앞에서 희망을 이야기한다. "저를 뽑아주시면 희망을 드리겠습니다."라면서. 하지만 정치인의 희망 이야기가 모두 유권자의 가슴에 와 닿는 것은 아니다. 정치인이 아무리 좋은 말을 해도 유권자의 입장에서는 전혀 가슴에 와 닿지 않는 경우도 허다하다. 대체로 유권자의 마음에까지 와 닿게 이야기하는 정치인이 좋은 결과를 얻는다. 오바마처럼 말이다. 이처럼 상대방의 가슴까지 닿아서 마음을 움직이는 것이 진정한 소통이다. 콜라보를 추진하는 데 있어서도 소통은 굉장히 중요한 주제다. 서로가 어떻게 마음이 맞는 소통을 하는가에 따라서 콜라보의 성과에 결정적인 영향을 미치기 때문이다.

참고문헌

강신주, 《장자, 차이를 횡단하는 즐거운 모험》, 2007, 그린비

노나카 이쿠지로 · 곤노 노보루, 《노나카의 지식경영》, 나상억 옮김, 2009, 21세기북스

린다 그래튼, 《핫 스팟》, 조성숙 옮김, 2008, 21세기북스

마틴 루터 킹 주니어, 〈나에게는 꿈이 있습니다〉, 1963. 8

맹자, 《맹자》, 우재호 옮김, 2007, 을유문화사

모튼 T. 한센, 《협업》, 이장원 · 안정호 · 김대환 옮김, 2011, 교보문고

박웅현 · 강창래, 《인문학으로 광고하다》, 2009, 알마

스티븐 레비, 《In the plex》, 위민복 옮김, 2012, 에이콘출판

앨빈 토플러, 《제3의 물결》, 원창엽 옮김, 2006, 홍신문화사

엄동욱, 〈조직내 소통활성화를 위한 제언〉, 《CEO Information》 795호, 2011.3, 삼성경제연구소

윌리엄 브래튼 · 재커리 튜미, 《콜라보》, 차백만 옮김, 2013, 유비온

유향, 《전국책》, 임동석 옮김, 2009, 동서문화사

이상문 · 데이비드 L. 올슨, 《컨버저노믹스》, 임성배 옮김, 2011, 위즈덤하우스

이상현, 〈POSRI 보고서: 성과를 창출하는 협업이 '협업'이다〉, 2013, 포스코경영연구소

이지훈, 《혼 · 창 · 통: 당신은 이 셋을 가졌는가?》, 2010, 쌤앤파커스

이홍, 《창조습관》, 2010, 더숲

정재승 · 진중권, 《크로스》, 2012, 웅진지식하우스

존 호킨스, 《창조경제》, 김혜진 옮김, 2013, FKI미디어

중앙공무원교육원, 《인문학, 창조의 샘물》, 2009, 경성문화사

철학아카데미, 《처음 읽는 독일 현대철학》, 2013, 동녘

케네스 토머스, 《열정과 몰입의 방법》, 장재윤 · 구자숙 옮김, 2002, 지식공작소

폴 마르시아노, 《존중하라》, 이세현 옮김, 2013, 처음북스

한윤정, 〈백남준, 난해했던 그의 예술이 근사하게 다가왔다〉, 인터넷경향신문, 2015. 11. 23, http://www.khan.co.kr/

EBS, 다큐프라임 〈이야기의 힘〉 3부, 2010. 3. 24

KBS, KBS 뉴스 〈의료한류, 메디텔이 뜬다〉, 2012. 3. 5

Mark Granovetter, 〈The Strength of Weak Ties〉, 《American Journal of Sociology》 78, 1973

SAP코리아 · 비즈니스워크리서치, 〈협업성과에 대한 설문조사 결과〉, 2008. 8